L'Appel
des arènes

Aminata Sow Fall

Texte intégral

édicef

Couverture : Anne-Danièle Naname
Illustration de couverture : © Philippe Lissac/Godong
Mise en pages : Nord compo

ISBN : 978-2-7531-0786-1
© Les Nouvelles Éditions Africaines du Sénégal, 1982.
© EDICEF, 2012.

Sommaire

L'AUTEUR ET SON ŒUVRE

Formation et vie professionnelle

Aminata Sow Fall est née à Saint-Louis au Sénégal le 27 avril 1941. Enfant, elle fréquente l'école coranique et l'école coloniale française avant de poursuivre ses études secondaires à Saint-Louis, puis à Dakar. Après son baccalauréat, elle est admise au concours des études d'interprétariat international à Paris. Elle y prépare en même temps une licence de Lettres Modernes à l'université de la Sorbonne.

De retour au Sénégal, elle entame une carrière de professeur dans différents lycées et instituts. Elle est également membre de la Commission nationale de réforme de l'enseignement du français et participe à l'élaboration de manuels scolaires. De 1979 à 1988, elle est détachée au ministère de la Culture comme directrice des Lettres et de la propriété intellectuelle puis comme directrice du Centre d'Études des Civilisations.

Une militante du développement culturel

Aminata Sow Fall est convaincue que le développement d'un pays n'est pas possible sans la défense et la promotion des activités culturelles. Elle crée, à Dakar en 1988, le Centre africain d'animation et d'échanges culturels (CAEC) et, à Saint-Louis en 1996, le Centre international d'études, de recherches et de réactivation sur la littérature, les arts et la culture (CIRLAC). Elle explique ainsi ses objectifs : « Ces centres sont des centres pour la promotion de la littérature et des écrivains. Notre devise, c'est *Lire, produire, s'enrichir*. (…) Nous voulons développer la culture de l'esprit, parce que souvent, on pense que le développement, c'est simplement le développement économique qui permet à chaque individu d'améliorer son niveau de vie sur le plan matériel. Moi je ne pense pas que ce soit là le développement. Car il y a un développement indispensable à la base : c'est le développement lié à la culture. L'être humain doit discuter, doit s'informer, doit avoir un sens critique, doit pouvoir aborder la vie d'une certaine manière en sachant qu'il y a d'autres qui l'abordent d'une autre manière. Il faut se cultiver, avoir accès à la connaissance. Savoir c'est pouvoir. »[1]

---

[1] *Comprendre et faire comprendre* La Grève des Bàttu *d'Aminata Sow Fall*, Mwamba Cabakulu et Boubacar Camara, Paris, L'Harmattan, 2002.

Aminata Sow Fall a également fondé le Bureau africain pour la défense des libertés de l'écrivain à Dakar et une maison d'édition-librairie : les éditions Khoudia.

Une pionnière de la littérature féminine au Sénégal

À ce jour, Aminata Sow Fall a publié sept romans. *Le Revenant*, son premier roman, paraît en 1976, trois ans avant la publication d'un autre texte très connu de la littérature féminine au Sénégal, *Une si longue lettre* de Mariama Bâ. Puis vient *La Grève des Bàttu* en 1979, qui obtient le Grand prix littéraire de l'Afrique noire en 1980 et été porté à l'écran par Cheikh Oumar Sissoko en 2000. *L'Appel des arènes*, publié en 1982, sera également adapté au cinéma par Cheikh A. N'Diaye en 2006. Aminata Sow Fall publie ensuite *Ex-Père de la Nation* en 1987, *Le Jujubier du patriarche* en 1993, *Douceurs du bercail* en 1998 *et Festin de détresse* en 2005. Elle est également l'auteur d'un essai sur l'art de manger au Sénégal suivi de recettes de cuisine proposées par Margo Harley : *Un grain de vie et d'espérance*.

Choix du roman et peinture sociologique

Aminata Sow Fall explique qu'elle n'avait pas prévu de devenir écrivain, mais qu'elle est venue à l'écriture à son retour au Sénégal. Elle a ressenti l'envie de décrire la société sénégalaise et d'inviter les gens à y réfléchir avec elle. Elle a en effet été choquée par la société qu'elle a retrouvée, où les valeurs de la dignité humaine et de la solidarité ont été remplacées par le culte de l'argent. Pour peindre la société, son choix s'est porté vers le genre romanesque, apte à rendre un tableau vivant des réalités sociales et historiques tout en laissant libre cours au travail de l'imaginaire : « J'ai pensé que l'on devait pouvoir créer une littérature qui reflète simplement notre manière d'être, qui soit un miroir de notre âme et de notre culture… Je me suis mise à écrire en prenant comme modèle la société dans laquelle je vivais. Je m'inspire d'abord de ce que j'observe et de ce que j'entends raconter autour de moi. C'est le point de départ, et le reste, je l'imagine.[1] »

L'Appel des arènes

L'Appel des arènes est le troisième roman d'Aminata Sow Fall. Très remarqué lors de sa publication en 1982, il a été présélectionné pour le prix Goncourt et a obtenu le prix international pour les lettres africaines décerné par l'Institut culturel africain.

---

[1] Françoise Pfaff, « Aminata Sow Fall, l'écriture au féminin », *Notre librairie n° 81*, Paris, 1985.

Le roman s'articule autour du personnage de Nalla, fils unique d'un vétérinaire et d'une sage-femme. Ayant vécu en Europe avant de revenir s'installer au Sénégal, les parents du jeune garçon prônent un mode de vie moderne et individualiste. Mais l'enfant ressent la souffrance d'être arraché à ses racines, à son identité…

L'Appel des arènes

À mon frère Kader.

Le professeur de Nalla est très heureux cet après-midi, car la leçon sur le complément d'objet direct semble être parfaitement sue.

– Nalla, donne-moi un exemple de complément d'objet direct.

– Le chasseur a abattu un lion.

– Et quel est le complément d'objet dans cette phrase ?

– « Lion » est le complément d'objet direct du verbe « a abattu ».

– Très bien, très bien. Un autre exemple.

– J'apprends ma leçon de grammaire.

– Où est le complément d'objet ?

– « Ma leçon de grammaire ».

– Parfait, parfait, Nalla. Maintenant, trouve-moi un exemple où le complément n'est pas un nom ou un groupe de noms, mais un pronom.

– Un pronom…

– Un pronom personnel par exemple. Tiens, je prends tes cahiers. Remplace le complément d'objet par un pronom personnel…

– Je les prends… ! « Les » est le complément d'objet direct de « prends ».

– Excellent, Nalla. Tu vois bien que ce n'est pas difficile. N'est-ce pas, Nalla ? Ce n'est pas la mer à boire, n'est-ce pas ? Si tu veux bien, ça marche tout seul.

Nalla sourit. Monsieur Niang souhaite que cela continue ainsi. La dernière fois, il était parti désespéré ; son élève était incapable de répondre à ses questions pendant presque toute la durée du cours et affichait une très grande lassitude. Monsieur Niang avait jugé plus sage de ne pas le forcer.

– Nalla, lui avait-il dit, tu es peut-être malade… Non ? Tu es alors fatigué. Je sens que ça ne va pas. Je te laisse donc te reposer aujourd'hui, mais pour la prochaine fois, tâche de bien voir la leçon sur le complément d'objet direct...

Nalla n'avait pas répondu.

– M'entends-tu, Nalla ?.... le complément direct...

– Oui, Monsieur.

– Tu me le promets ? Je te fais confiance !

– Oui, Monsieur.

Nalla a tenu sa promesse. Monsieur Niang se félicite intérieurement d'avoir été patient. Il est naturellement doux et patient ; tous les élèves et parents d'élèves de Louga le savent. C'est pourquoi Ndiogou, le père de Nalla, était allé le voir un jour pour lui demander de s'occuper de son fils. C'était la nuit. Il revenait harassé d'une tournée qui l'avait retenu une semaine dans la campagne pour la vaccination des troupeaux. Il avait demandé Nalla :

– Il n'est pas encore rentré, avait répondu Diattou, la colère dans la voix. Depuis que tu es parti, c'est comme ça. Personne ne peut faire qu'il rentre avant la tombée de la nuit. Si nous n'y prenons garde, il va mal finir !

Ndiogou était allé chez un de ses amis pour se faire indiquer la demeure de Monsieur Niang dont il avait entendu louer les mérites :

– Je m'excuse de vous déranger à cette heure, mais il me fallait absolument vous voir ce soir.

– Je vous en prie, Monsieur. Prenez place.

– J'entre tout de suite dans le vif du sujet. J'ai un fils qui me pose sérieusement des problèmes. Il a été particulièrement brillant dans les premières années de sa scolarité. Puis il s'est mis à baisser et je pensais que cela ne durerait pas, mais, depuis quelque temps, cela ne va pas... Pas du tout alors... Je n'arrive pas à m'expliquer... Une crise de croissance, peut-être..., peut-être aussi une simple paresse.

– Quel âge a-t-il ? En quelle classe est-il ?

– Douze ans ; en sixième au Collège des Pères… Enfin, je ne sais pas ce qui lui arrive, mais ce dont je suis sûr est que ce garçon a besoin d'être surveillé, sinon ce sera la catastrophe. Mon travail, mes nombreux déplacements m'empêchent de le suivre correctement. Je crois que vous, Monsieur Niang, vous pourrez m'aider.

Monsieur Niang avait réfléchi pendant quelques instants. Il avait lâché une bouffée de fumée vers le plafond et avait écrasé sa cigarette dans une coquille de mollusque. Ndiogou, pendant ce temps, regardait les grosses veines qui sillonnaient l'avant-bras du professeur et se ramifiaient sur le dos de la main toujours posée sur la coquille et pressant encore le mégot déjà éteint.

L'embarras se lisait sur le visage maigre de Monsieur Niang. Mais refuser de participer à l'éducation d'un enfant est pratiquement impossible pour un éducateur de sa trempe et de sa réputation. Cela, Ndiogou le savait.

– À cet âge, les gosses sont difficiles, avait-il fini par dire. L'ennui est que je ne pourrai pas le voir aussi souvent que vous le désireriez peut-être… Je ne suis libre que les samedi et dimanche après-midi. Je ne crois pas que cela vous arrange…

Dans la ville de Louga, tous les fonctionnaires se connaissaient et, sans avoir jamais eu la moindre relation avec Ndiogou, Monsieur Niang savait qu'il était le médecin vétérinaire de toute la région et, à plusieurs reprises, il avait eu l'occasion de l'apercevoir au volant de sa Landrover. Monsieur Niang, comme tous les fonctionnaires lougatois, savait que Ndiogou possédait un verger, sorte de résidence secondaire où il allait très souvent passer le week-end. Ce verger se trouvait à soixante-dix kilomètres environ de Louga, dans un îlot à senteur de goyaves mûres et de papayes dorées, coloré de tomates, de concombres et de melons, et continuellement bercé par le chant des flots sur la berge.

– Cela ne me dérange pas du tout, avait répondu Ndiogou… Au contraire, car il n'a rien à faire ces jours… ou plutôt disons qu'il a à faire ses devoirs, mais malheureusement il ne les fait pas ou les fait mal.

En terminant sa phrase, Ndiogou avait hoché la tête. Ndiogou et Monsieur Niang s'étaient mis d'accord.

Trois mois s'étaient écoulés durant lesquels Monsieur Niang avait noté chez son élève une certaine volonté de travailler : Nalla s'intéressait aux leçons et progressait. Le maître s'en réjouissait mais n'arrivait pas à expliquer les brusques revirements de son élève qui, très souvent, passait de la participation enthousiaste à l'indifférence totale.

Et c'est encore arrivé aujourd'hui. Après le complément d'objet direct, Monsieur Niang a abordé une autre leçon sur le complément d'objet indirect. Nalla a été attentif au début, faisant preuve d'une grande vivacité, puis, au moment où Monsieur Niang, palpitant de joie, a commencé à louer l'ardeur et la bonne volonté de son élève, tout s'est à nouveau gâté. Comme un château de sable qui s'est brusquement affaissé. Nalla, l'air tout à fait absent, n'a plus répondu aux questions du maître qu'il ne semblait plus entendre. Lorsque Monsieur Niang, avec la douce ténacité que tout le monde lui connaît, s'est acharné à lui faire dire quelque chose, Nalla, comme tiré d'un profond sommeil, n'a émis que des propos vagues, inaudibles et même parfois dénués de sens.

– Nalla, qu'as-tu ? Dis-moi, mon petit, qu'est-ce qui se passe ?

Nalla ne réagit pas. Sa petite tête ronde et moutonnée se balance lentement sur son épaule gauche. Une fois de plus Monsieur Niang, les mâchoires contractées, est attendri par les yeux de rêve de Nalla qui semble porter son regard à la fois très loin et nulle part. Monsieur Niang voudrait tellement savoir ce qui se passe derrière ces petits globes opaques qui ornent ce petit visage potelé…

– Est-ce à cause de la chaleur ?.... Ce souffle desséchant de l'harmattan qui vibre comme ce tam-tam lointain, provenant des arènes…

– Nalla, tu es malade ?

Nalla ne répond pas. Monsieur Niang est ému. Aujourd'hui, plus que les autres fois, il a observé Nalla. Il en a acquis la certitude que ce petit garçon, ce mignon petit garçon à la tête ronde et moutonnée, n'est ni un paresseux consommé, ni un cancre désespérant. Le cœur gros, il a rassemblé ses affaires, a bouclé sa serviette, a pris une décision ; il parlera aux parents de Nalla, car ce garçon est malade et il faut qu'ils le fassent voir par un médecin.

Là-bas, aux arènes, la belle cadence du tam-tam s'étire jusqu'à Nalla, pénètre en Nalla, emplit Nalla d'une douce émotion, occupe tout l'être de Nalla qui, en ce moment, entend, comme s'il était aux arènes, les accents mélodieux des cantatrices dont les chants exaltants enflamment les lutteurs. Comme s'il était aux arènes, Nalla voit Malaw, le roi des arènes surnommé « Lion du Kajoor », bondissant devant le tam-tam surexcité et chantant d'une voix sourde que Nalla perçoit comme s'il était aux arènes :

Malaw Lô fils de Ndiaga Lô
Qui me bravera moi Malaw Lô
Lion du Kajoor fils de Ndiaga Lô
Malaw Lô « Kor[1] *» Madjiguène Lô*
Maître des arènes du Walo[2]
invincible aimé fort et beau
Du Njambur[3] *qui vit naître Ndiaga Lô*
À Ndar Gééj[4] *drapé dans son pagne d'eau*
Tous chantent l'épopée de Malaw Lô.

---

[1] Aimé de.
[2] Région du Sénégal.
[3] Région du Sénégal.
[4] Saint-Louis du Sénégal.

Et Nalla se sent vibrer comme le tam-tam fou, fou, fou ; comme les cantatrices éperonnées par la beauté enivrante de l'atmosphère ; comme les feuilles de fromager qui tournoient frénétiquement au rythme de l'harmattan.

Monsieur Niang a pris congé sans se douter qu'à l'appel du tam-tam, Nalla a rejoint les arènes, emportant tout en lui, sauf son petit corps engourdi, sa tête ronde moutonnée et ses yeux vides d'expression. Monsieur Niang n'a pas pu imaginer son Nalla mentalement transporté aux arènes, vivant au rythme des arènes, et se grisant de l'air des arènes en dépit de « ce souffle desséchant de l'harmattan qui vibre comme ce tam-tam lointain provenant sûrement des arènes. »

Ndiogou est étendu de tout son long sur le lit, une jambe sur l'autre, la tête soutenue par les mains entrecroisées. Diattou va, vient, et lui jette de temps en temps des coups d'œil furtifs. Après le départ de Monsieur Niang, ils ont éprouvé tous les deux un sentiment confus de désespoir et de crainte. Ce fils unique en qui ils ont mis tout leur amour de parents. Va-t-il leur échapper ? Va-t-il les décevoir ?

Diattou s'est cachée dans la salle d'eau pour pleurer, pleurer, pleurer. Puis, sans rien dire, elle a épié la réaction de Ndiogou. Jusqu'ici celui-ci évitait de poser la question à laquelle il pensait souvent depuis longtemps : Nalla s'ennuyait-il dans cette maison, sans frère, sans sœur, sans personne avec qui partager ses jeux ? Ndiogou ne voulait pas poser la question par crainte de vexer Diattou. Il savait que sa femme avait beaucoup souffert et souffrait encore de n'avoir enfanté qu'une seule fois. Il reconnaissait les tourments de cette femme anxieuse qui, en sa qualité de sage-femme principale à la Maternité, aidait, chaque jour que Dieu faisait, des dizaines de mamans. Elle les aidait à réussir l'exploit qu'elle rêvait de renouveler depuis dix ans. Dix, vingt, trente fois par jour, elle célébrait la fête de la naissance avec un sourire toujours émerveillé.

Quand il était plus jeune, c'est Nalla lui-même qui disait :

– Maman, pourquoi est-ce que je n'ai pas de petit-frère ?

Et Diattou répondait :

– C'est parce que je n'ai pas encore assez d'argent pour en acheter. Tu sais, mon chéri, les bébés, on les achète.

Et quelques années après, Nalla reprenait :

– Maman, quand auras-tu l'argent pour acheter notre bébé ?

– Bientôt, mon petit. Sois patient. Nous aurons bientôt un bébé.

– Il faut beaucoup d'argent, maman ?

– Oui, mon chéri. Beaucoup, beaucoup. Mais bientôt nous l'achèterons.

Un jour, Nalla, revenant de l'école, a couru tout essoufflé vers sa mère :

– Maman, ma maîtresse a un gros ventre. Elle nous a dit que le bébé est dans son ventre et qu'il va bientôt sortir ! Et toi maman ?

– Je t'ai dit d'être patient, mon fils. Notre bébé viendra bientôt s'il plaît à Dieu.

Enfin un jour, en plein repas, Nalla s'est arrêté de manger. Il a eu un air pensif, puis il a dit, regardant tour à tour Ndiogou et Diattou :

– Maman, la maman de Doudou a un bébé, c'est la fête chez eux. Et nous, ce ne sera jamais la fête « xanaa[1] » ?

Ce jour-là, sans s'expliquer pourquoi, Diattou s'est énervée et l'a giflé.

– Occupe-toi de choses d'enfant ! Je t'interdis de me poser des questions qui ne te regardent pas, tu entends ! Ce ne sont pas des choses d'enfant, tu entends !

De ce jour, Ndiogou a compris la douleur de Diattou. Et depuis ce jour, Nalla n'a plus reparlé de bébé.

Mais la gifle de Diattou avait ravivé en lui le désir inextinguible de retourner vivre chez sa grand-mère Fari, toujours douce et toujours radieuse comme une rosée d'aurore. Là-bas, chez Mame Fari qui était tout à la fois mère, père, frère et compagnon de jeux, la solitude lui était inconnue. Et certains jours, à l'ombre du flamboyant en fleurs, le bruyant Mapaté ressuscitait les acteurs de la merveilleuse épopée des Ndiogou, et Nalla se voyait héros parmi les héros, brandissant un sabre fulgurant dans le tumulte de champs empourprés de Lambaay[2], de Guille et de Déquele.

---

1 Formule interrogative.
2 Célèbres champs de bataille.

Maintenant que Nalla a douze ans, Diattou est partagée entre l'envie de savoir si ce désir d'avoir un frère persiste toujours en lui, et la crainte de découvrir que la solitude pèse à son fils.

Brusquement, Ndiogou semble s'éveiller d'un long rêve :

– Diattou, dès demain je téléphone à Dakar pour prendre un rendez-vous avec un psychologue. Il faut que nous le fassions voir. Il n'est pas normal.

Ndiogou s'est redressé en terminant sa phrase. Il a entrecroisé ses dix doigts sur les genoux. Il regarde Diattou.

Diattou s'est mordu les lèvres. Avoir un fils, et subir l'extrême humiliation, l'atroce douleur de s'entendre dire qu'il n'est pas normal ! Inconcevable idée d'avoir mis au monde un fils qui n'est pas comme les autres. Les autres, pour Diattou, ce ne sont pas ces flopées d'enfants déferlant à longueur de journée sur la ville, laissés à eux-mêmes, se détendant dans la bagarre, dans la vadrouille ou dans les parties de football en pleine rue. Ce sont les enfants réglés, ceux à qui on a inculqué des principes propres à les isoler de la masse. Diattou avait toujours rêvé d'un fils à l'image de son mari : digne, intelligent, rangé et distingué.

Elle s'est pincé les lèvres et a éclaté en sanglots. Non, elle ne peut pas accepter que l'on doute de la bonne santé mentale de son fils. Diattou a beau appartenir au corps médical, elle a beau balayer tabous et superstitions, elle n'a jamais pu se libérer de certaines idées reçues, comme par exemple la crainte de ceux dont le métier est de soigner les maladies mentales. Rien que de penser à la possibilité de voir son fils dans le cabinet du psychologue provoque en elle une immense répulsion, car Diattou n'a jamais voulu faire aucune différence entre le psychologue et le psychiatre. Lorsqu'elle était élève sage-femme, il lui était arrivé d'assister à des entrevues qu'elle qualifiait d'« interrogatoires absurdes, indiscrets et traumatisants ».

« Pauvres gosses, disait-elle, les questions qu'on leur pose : des sottises !…. "Aimes-tu ton père ?"… "Qui est plus gentil, de ton père ou de ta mère ?"… "Es-tu content d'avoir des frères et sœurs, voudrais-tu en avoir moins ?"… Questions insensées à vrai dire ! Non, mon fils ne sera jamais une victime de cette inquisition mentale d'ou il sortira flanqué par tous les moyens d'une quelconque inadaptation. Non ! »

Et Diattou de s'imaginer aussi tout ce que diraient les connaissances et les voisins. Les voisines surtout. Elles seraient heureuses de décréter que son fils ne jouit pas de toutes ses facultés. Ce serait une belle revanche pour elles. Déjà certaines d'entre elles lui avaient conseillé de voir le « Boroom Xam-Xam[1] », les « tenants du savoir » :

« Si Nalla est seul jusqu'à présent, c'est qu'il doit avoir le "dos chaud"… Il faut le faire exorciser ».

Devant ces effrontées, Diattou avait toujours su garder son sang-froid malgré la honte qui l'étranglait. Elle leur fit toutefois comprendre, poliment, que ses affaires ne regardaient qu'elle.

– Non, dit-elle enfin. Pas de consultation. Nalla est sain d'esprit et de corps.

– Écoute, Diattou, même s'il est tout à fait normal, que perdrions-nous à le faire voir ?

– Je sais que mon fils n'est pas malade ! Je l'ai observé. Personne ne peut mieux observer un enfant que sa mère. Je suis sûre que Nalla nous cache quelque chose. J'en suis persuadée. Réfléchis bien : avant, il ne lui arrivait jamais d'avoir ces absences. D'accord, il est étourdi et distrait, mais il n'avait pas d'absences. Et puis, un jour ça l'a pris, et ça ne le prend que lorsqu'il travaille avec Monsieur Niang, c'est-à-dire les samedi et dimanche ou les jours fériés. C'est lié à quelque chose ! Je te dis qu'il y a quelque chose !

---

1 Savants.

Ndiogou n'est pas convaincu. Il ne voit pas du tout ce que pourrait bien cacher Nalla. À son âge, songe-t-il, on se donne davantage aux jeux qu'aux méditations. À quoi peut-il penser ?

– Nalla a un secret, poursuit Diattou ; cherchons plutôt à percer ce secret.

– Et lorsqu'il va traîner en ville, de plus en plus fréquemment ? Ça aussi, ça fait partie du secret ? Diattou, ton raisonnement ne tient pas. Je le ferai voir.

– Non, lance-t-elle dans un mouvement de détresse, en secouant énergiquement la tête de droite à gauche et de gauche à droite. Non, on ne me traumatisera pas mon fils ! On ne me le rendra pas malade.

– Diattou, sois raisonnable ! C'est pour son bien.

Pendant un long moment, le silence s'est installé dans la chambre. Ndiogou s'est à nouveau étendu, ne comprenant vraiment pas la réaction de Diattou, mais ressentant de la pitié pour elle. Il a perçu dans les yeux de Diattou un profond chagrin. Pour rompre le silence, il a dit :

– Penses-tu que nous puissions savoir ce qu'il y a dans la tête de Nalla ?

– Je sais que si nous y mettons toute notre volonté, nous pourrons.

Ndiogou, un instant après, se lève et entrouvre la porte :

– Nalla, Nalla, viens ici !

Dès qu'il a franchi le seuil, Nalla a senti qu'il s'est passé ou qu'il allait se passer quelque chose. Ses parents, malgré leur effort de paraître décontractés, sont trahis par la gravité inhabituelle de leur visage. Il est ensuite surpris par la tendresse toute paternelle avec laquelle Ndiogou l'a invité à s'asseoir sur le lit près de lui, contre lui. Depuis très longtemps, il n'a pas eu l'occasion de se mettre si près de son père. Il se rappelle aussitôt l'époque où Ndiogou le prenait sur ses épaules en tournoyant pendant qu'il déchirait l'air de ses cris de joie, sous le regard amusé de Diattou. Maintenant, en dehors des repas qu'ils prennent à trois dans la véranda en saison sèche et dans la salle à manger en hivernage, Nalla n'a pratiquement pas la possibilité de converser avec son père. D'ailleurs, leur conversation se limite à :

– Alors, mon petit, tu as fait tous tes devoirs ?
– Oui, papa.
– Tu as appris tes leçons ?
– Oui, papa.
– Il faut bien travailler, hein !

Et Ndiogou de prendre son repas, d'une manière expéditive pour aller dans sa chambre s'étendre et lire les journaux qui forment une pile au pied du lit. Lire et écouter la radio.

Ndiogou n'est pas un père dénaturé ; il est seulement absorbé par le travail et certainement aussi par la fatigue. Nalla n'éprouve aucune rancune contre son père, mais il regrette les courses folles qu'ils disputaient dans la cour et les nombreux jeux auxquels ils se livraient comme deux petits gamins.

Diattou est tout aussi occupée, mais elle tient à assumer pleinement son rôle de mère, avec un amour de mère. Souvent, à la voir, on sent qu'elle est exténuée par son tour de garde, mais cela ne l'empêche pas d'arranger un col par-ci, de boutonner une veste par-là. « Il faut t'habiller correctement ! La chemise laissée comme ça, ça fait débraillé ! » C'est elle qui gronde, punit, corrige dans la mesure de ses moyens. C'est elle aussi qui cause, plaisante, et éclate de ce rire innocent qui emplit de joie les cœurs d'enfants, mais si rarement, aux yeux de Nalla.

Elle est assise sur une chaise, le dos contre l'armoire, en face de Ndiogou et de Nalla. Celui-ci, les yeux vifs, promène son regard dans la chambre en s'arrêtant plus longuement sur sa mère.

– Nalla, dit Ndiogou en posant sa main sur la tête de l'enfant, ta mère et moi sommes inquiets : pourquoi ne veux-tu pas travailler avec Monsieur Niang ?

– Si ! Je travaille avec Monsieur Niang ! C'est lui qui vous a dit que je ne veux pas travailler ?

– Non, pas du tout ! Seulement, quelquefois, il te parle et tu ne lui réponds même pas. Tu ne veux pas de lui ? Tu veux changer de professeur ?

– Non, je veux Monsieur Niang.

– Alors, pourquoi tu te conduis mal avec lui ?

– Je ne me conduis pas mal avec lui !

– Voilà, dit Ndiogou, à douze ans, tu n'es plus un gamin. Tu es en mesure de comprendre beaucoup de choses. On fait tout pour que tu puisses réussir, et ça a l'air de ne pas t'intéresser. Si tu continues comme ça, tu risques de le regretter plus tard. Tu le regretteras sûrement !

Nalla a baissé les yeux.

– Nalla, continue Ndiogou, nous te parlons comme à un grand. Dis-nous ce qui ne va pas, ce qui fait que tu ne réponds pas à Monsieur Niang lorsqu'il te pose des questions.

Nalla ne répond pas.

– Nalla ! appelle Diattou.

Nalla lève les yeux. Ils sont embués à faire pitié.

– Nalla, veux-tu me rendre malheureuse ? Je n'ai que toi. Dis-moi la vérité. Le cours de Monsieur Niang t'intéresse-t-il ? S'il ne t'intéresse pas, dis-le honnêtement. Ne crains rien. On cherchera d'autres solutions.

– Si, il m'intéresse.

– Tu veux que Monsieur Niang continue à venir ?

– Oui, je veux bien.

– Dis-nous alors la vérité. Pourquoi tu fais l'indifférent avec lui ?

Nalla regarde fixement sa mère tandis que Ndiogou tient maintenant son visage dans ses deux mains.

– Dis la vérité, insiste Diattou d'une voix suppliante. Tu te sens malade quelquefois ?

– Non.

– C'est la fatigue ?

– Non.

– C'est quoi alors, la chaleur ?

– Non, maman, c'est le tam-tam !

Nalla a lâché sa réponse comme une lourde charge dont il voulait ardemment se débarrasser depuis longtemps. Il a surpris ses parents. Ndiogou a froncé les sourcils en se penchant davantage sur son fils tandis que Diattou est tout simplement ébahie.

– Le tam-tam ? demande Ndiogou.

– Oui. Le tam-tam aux arènes. Quand il commence à battre, je l'entends ici et ça me donne envie d'aller aux arènes.

Diattou et Ndiogou s'attendaient à tout, sauf à ça. Le tam-tam des arènes ! Ils n'y auraient jamais pensé. « Mais oui c'est vrai, de temps en temps des échos arrivent jusqu'ici... Le tam-tam... »

– C'est le tam-tam qui t'empêche de répondre à Monsieur Niang ?

– Oui, maman.

Diattou est presque soulagée. « Voilà la preuve, se dit-elle, que mon fils n'est pas malade. Il concentre son attention ailleurs. C'est donc normal qu'il ne réponde pas aux questions de Monsieur Niang ».

Aussitôt après cette pensée réconfortante qui a traversé son esprit, elle a souri de ce qu'elle considère comme un caprice d'enfant.

– Ainsi donc le tam-tam te captive ! Sacré Nalla ! Tu connais les arènes ?

Nalla, encouragé par le sourire de Diattou, n'a pas fait attendre sa réponse.

– Oui, maman. Je connais les arènes. C'est au quartier « Montagne ». Un immense terrain entouré d'une palissade de bambous. Sur toute la surface il n'y a que du sable et des bancs contre la palissade pour les spectateurs. Du beau sable. Pas le sable latéritique de la cour de notre maison, mais du sable jaune cuivré qui brille au soleil comme des pépites d'or.

– Tu y es allé combien de fois ?

Nalla a hésité puis, ne voyant aucun signe de désapprobation sur le visage de ses parents :

– Plusieurs fois. Avant, quand Monsieur Niang n'avait pas commencé à venir, j'y allais avec quelques camarades. D'autres fois, à la sortie de l'école, nous nous y rendions pour aller voir les lutteurs s'entraîner et faire des « bàkk[1] ».

– Ça doit être passionnant ! dit Ndiogou.

– Oui, bien sûr, c'est passionnant. Oh ! Maman, si toi et papa vous pouviez voir ce que c'est ! Vous n'avez jamais vu ça ? Si vous aviez pu admirer mon ami Malaw danser sur le sable mouvant des arènes !

Une lueur de joie éclaire tout le visage de Nalla. L'enthousiasme le gagne. Brusquement il se lève du lit. Il est

---

1 Poèmes déclamés par les lutteurs.

en face de Diattou. Ndiogou à qui il a tourné le dos à présent l'observe à travers la glace de l'armoire et est frappé par ses yeux pétillants.

– Malaw, c'est un hercule ; c'est le plus fort des lutteurs. On l'appelle le « Lion de Kajoor ». Il est fort, très fort, fort comme un lion, avec l'auguste masse et la dignité du lion. Il terrasse toujours ses adversaires. Une chose est fantastique par-dessus tout : c'est quand Malaw fait son entrée dans les arènes ! Tu vois, maman, il y pénètre comme un tigre échappé d'une cage, tout couvert de lait caillé, de la tête jusqu'aux pieds. Brandissant une longue bande d'étoffe blanche dans laquelle sont cousus beaucoup de gris-gris, il sautille pesamment en chantant :

> *Malaw Lô fils de Ndiaga Lô*
> *Qui me bravera dans Louga Lô*
> *À Diaminar où l'on ne dit que Lô*
> *Moi Malaw Lô « Kor » Madjiguène Lô.*
> *Le plus fort le plus brave le plus beau…*

Nalla danse, sautille, lourdement, les deux bras en l'air, se regardant dans la glace. Sa respiration est haletante. Métamorphosé. Il est Malaw Lô, le lutteur hors classe, le lion du Kajoor qui souvent se contente de faire des démonstrations de « bàkk » lorsqu'il accompagne ses élèves aux arènes. Ses élèves livrent des combats. Lui, il lutte rarement, car il ne trouve pas d'adversaire.

– Son entrée dans les arènes, ajoute Nalla, fait remuer les palissades lorsque les griots fouettent leur « tama[1] » et que le chant ensorcelant des cantatrices se répand en trémolos.

– Mais où as-tu connu Malaw ?

---

1 Petit tam-tam porté sous l'aisselle.

– Chez lui et aux arènes. Il m'avait été présenté par un autre lutteur, du nom d'André…

Là, ses parents ont perçu comme un étranglement dans la voix de Nalla. Ils ont alors pensé que la crainte de remontrances a subitement noué sa voix.

Un jour, Nalla jouait tout seul avec un ballon chez lui. C'était pendant les grandes vacances scolaires. Le ballon était passé par-dessus la clôture. Nalla était sorti pour le récupérer et il l'avait aperçu à quarante mètres environ, pas loin d'un homme costaud marchant vers lui et portant deux gourdes qui semblaient être bien lourdes. Lorsque l'homme l'avait vu, il avait aussitôt posé ses gourdes contre la clôture, avait enlevé le chapeau de paille qui le protégeait du soleil ardent et avait détaché les lanières qui maintenaient à ses pieds, au niveau des orteils et du talon, des semelles grossièrement taillées dans du cuir très dur. L'homme lui avait ensuite envoyé le ballon du pied. Nalla n'avait pas pu attraper le ballon : il lui était passé entre les jambes. Nalla avait couru pour s'en saisir. Alors l'homme, avec un large sourire jovial, lui avait crié :

— Eh, petit, ici !

Et Nalla lui avait renvoyé le ballon. Ainsi s'était engagée une partie de football à deux entre Nalla et l'homme qui pouvait avoir trente ans. À la fin de la partie, l'homme s'était assis contre la clôture pour remettre ses sandales. Nalla avait été frappé par l'épaisseur et la forme démesurée de ses pieds, ainsi que par la grosseur et la rugosité de ses mains. L'homme avait ensuite sorti de la poche latérale de son caftan un chiffon effiloché et s'en était épongé la tête et le visage. Nalla était debout, tout près de lui, le ballon coincé contre la poitrine par la main gauche, et l'observait. Après qu'il eut enfoui le chiffon dans sa poche, l'homme lui avait tendu la main, avait saisi sa main droite, et l'avait fait asseoir. Ils s'étaient regardés, s'étaient souri, et l'homme avait demandé :

— Petit, comment t'appelles-tu ?

— Je m'appelle Nalla. Et toi ?

— André. C'est ici ta maison ?

— Oui. Et toi ?

– Moi, ma maison est loin !

– Elle est où ?

– Là-bas, dans le Saalum.

– Le Saalum, c'est où ?

– C'est loin. Tu veux que je t'y emmène ?

Il avait encore ri sans attendre la réponse de Nalla. Celui-ci regardait les gourdes renflées.

– Tu habites dans le Saalum et tu es ici !

– Je suis venu vendre mon « conkom[1] » qui est dans ces gourdes. Quand ce ne sera plus la saison, je rentrerai dans le Saalum.

– Pourquoi tu ne restes pas ici ?

– Parce que j'habite dans le Saalum et que toute ma famille m'y attend.

Nalla s'était tu pendant un moment et dévisageait André. Il était presque peiné de l'entendre dire qu'un jour il partirait.

– Comment c'est, là-bas, dans le Saalum ?

– Là-bas, il y fait bon vivre. Des champs s'étendent à perte de vue. Il y a des arbres toujours verts. Des arbres de toutes sortes : des tamariniers aux branches géantes et touffues procurent une ombre aussi vivifiante que le jus du tamarin qui nous désaltère lorsque les travaux champêtres nous ont épuisés. D'innombrables manguiers peuplent tout le pays ; à l'heure de la maturation, ils sont lourds de fruits dorés à la chair tendre ; les enfants en cueillent à volonté et c'est toujours amusant de voir la gaieté qu'ils éprouvent à y mordre à pleines dents.

Nalla l'écoutait en ouvrant des yeux pleins d'admiration. André continuait :

– Connais-tu le « ditax » ? C'est cet arbre qui, au moment des brises, regorge de fruits marron en forme de boules ; leur coque se craquèle sous les flèches du soleil, laissant apparaître

---

1 Boisson tirée de la sève du palmier.

un duvet de velours vert aussi savoureux pour l'œil que pour la langue. Il y a aussi des palmiers. Des forêts de palmiers. Et beaucoup d'autres arbres.

Nalla écoutait comme on écoute un conte dont on ne souhaite pas la fin.

Ainsi en était-il lorsque Mame Fari lui contait le voyage miraculeux de la petite Coumba, sommée d'aller à la rencontre de la lointaine mer Dayanne, inaccessible à tous les mortels. Nalla suivait l'orpheline maltraitée dans sa descente aux enfers, fulminait contre la marâtre inhumaine et s'éblouissait de la générosité divine qui ramena Coumba gratifiée de fabuleuses richesses et d'un monde miniaturisé où toutes les espèces étaient représentées.

Le souffle suspendu, Nalla attendait. Mais André avait arrêté de parler. Il secouait son chapeau de paille pour en enlever le sable et il était sur le point de le porter quand Nalla a demandé :

– Vous n'avez pas d'orangers ?

– Si, des orangers, des mandariniers et tout. Tous les arbres poussent chez nous.

– C'est bon alors, là-bas.

– Très bon. Très bon. Quand tu viendras, tu pourras t'en rendre compte. N'est-ce pas que tu viendras avec moi ?

– Qu'est-ce qu'il y a encore là-bas ? Raconte-moi !

– Là-bas, s'étire le fleuve miroitant comme une lame d'argent, qui coule, coule, coule, et qui nous bénit à l'aube, et qui nous dorlote la nuit. Un fleuve généreux, grouillant de poissons.

– Vous pêchez alors !

– À vrai dire, les poissons, nous ne les pêchons pas. Le fleuve nous les offre frétillants et éblouissants à la lumière. Il nous suffit de tendre sans peine le filet et nous en rapportons une quantité suffisante pour nourrir des familles et des familles.

Nalla était émerveillé. André lui apparaissait comme un être irréel et il se sentait fortement attiré par la simplicité et la bonté de cet homme.

– Je vais te faire goûter de mon « conkom » avant de partir. Veux-tu ?

– C'est quoi, le « conkom » ?

– C'est la sève du rônier étendue d'eau.

Nalla avait fait une grimace de dégoût.

– Non, je ne bois pas ça ! C'est du vin !

André avait ri aux éclats et sa voix chaude qui avait déjà séduit Nalla avait encore résonné :

– Non petit, ce n'est pas du vin ! C'est la sève fraîche du rônier. Elle est agréable et douce comme l'eau de coco. Tu connais l'eau de coco ? Le « conkom » est même meilleur que l'eau de coco. Lorsqu'on le laisse fermenter pendant toute une nuit sous cette chaleur torride, elle devient du « sëng[1] ». Le « sëng », lui, est du vin. On le reconnaît très facilement, car il pétille et dégage une odeur acre.

– Tu bois du « sëng », toi ?

– Non. Que Dieu m'en préserve ! Je ne bois que du « conkom ». Tiens, tu vas en goûter.

Il avait pris un petit pot en fer-blanc suspendu par une ficelle au col d'une des gourdes et y avait versé un liquide laiteux. Nalla, du bout des lèvres, avait d'abord goûté, méfiant. Une gorgée ; deux gorgées, et il avait vidé le pot. « Ce pot rouillé, si maman savait ça ! »

– Comment fais-tu pour obtenir le « conkom » ? lui avait-il demandé en se passant la langue sur les lèvres.

– C'est mon frère qui me l'envoie. Un de mes frères restés au village. Il monte jusqu'au sommet des rôniers ; il y pratique une entaille, applique une gourde contre l'entaille et laisse la sève s'écouler dans la gourde. Elle est onctueuse

---

1 Vin de palme.

la sève, comme du miel. On y ajoute de l'eau pour obtenir le « conkom ». C'est bon, n'est-ce pas ? Tu vois comme c'est bon, les larmes du rônier ?

André s'était levé et avait repris ses gourdes, décidé à poursuivre son chemin. Nalla l'avait accompagné sur une distance de cent mètres environ. Ils ne s'étaient rien dit. Nalla, tenant le ballon contre la poitrine, marchait tête baissée et regardait le mouvement de ses pieds en les comparant à ceux d'André. André admirait les joues potelées de Nalla. Ensuite Nalla s'était arrêté. Son regard avait croisé celui d'André et il avait dit :

— Au revoir, André ; je rentre à la maison.

— Bien, mon petit. Moi, je continue vers le marché.

Quand Nalla avait fait demi-tour, André avait posé les gourdes par terre après s'être retourné et il avait suivi Nalla des yeux aussi longtemps qu'il avait pu le distinguer parmi le flot d'hommes et de femmes qui allaient et venaient.

Et le lendemain, André avait retrouvé Nalla devant sa maison. Et chaque matin, à la même heure, Nalla attendait impatiemment André ; et André arrivait, et le match de football reprenait et finissait, et la conversation recommençait, transportant Nalla là-bas, dans le Saalum, parmi les cultivateurs paisibles qui, le soir, au clair de lune, se régalent de couscous et de lait frais ; le fleuve aux mille reflets réapparaissait, serpentant autour de Noojoor, Jonwar et de nombreuses autres îles où la sérénité procure une vie toute heureuse. Nalla se retrouvait au cœur des forêts mystérieuses où les lianes entrelacées servent d'abri aux fétiches ancestraux.

— Là-bas, vous n'achetez rien, alors !

— Si, mais peu de choses. Ah, ah, ah, petit ! Tu es un enfant ! Les enfants sont des rois ! Peut-on vivre sans rien acheter !.... Avant, oui, on pouvait ne pas acheter... Mais maintenant...

— Il y a des écoles, là-bas ?

— Oui, il y en a maintenant. Tous les parents veulent envoyer leurs enfants à l'école... Le savoir est une bonne

chose. Ce savoir qui est à la mode, il est utile de l'étudier…
Quand tu seras grand et que tu seras un monsieur important
plein de diplômes, ne m'oublie pas ! Tu ne m'oublieras pas ?

– Non, je ne t'oublierai jamais !

Puis ce fut la fin des vacances. À l'heure où André passait,
Nalla était à l'école. Ils se voyaient rarement ; mais certains
jours, André rôdait autour de chez Nalla aux heures de sieste.
Et lorsqu'il avait la chance d'apercevoir son petit ami, il disait,
la poitrine gonflée de joie :

– Eh petit ! Viens prendre le « conkom » que je t'ai gardé !

Et d'un œil attendri, il l'observait pendant qu'il vidait le
pot en fer-blanc. Puis il offrait des bonbons, des mangues, des
goyaves, des cacahuètes grillées.

Ainsi avait commencé une tendre amitié entre André, le
vendeur de « conkom » venu de son lointain Saalum, et Nalla,
le petit écolier qui eut un jour la plus belle surprise de sa vie.
Un après-midi, sa maman lui avait donné la permission d'aller au cinéma. On y projetait un film sur Zorro, le héros qui
faisait courir tous les enfants du monde. En rentrant après la
séance, il avait rencontré un groupe de gens en liesse chantant
et dansant au son d'un tam-tam ponctué de coups de sifflet
et de cris rauques. Une nuée d'enfants remuants tourbillon-
nait au milieu de la foule grouillante. Par curiosité, Nalla s'était
joint au groupe et s'était aussitôt perdu dans la foule. Il était
entraîné par l'allégresse générale qui transportait la masse.

Au centre de la foule excitée, il vit des lutteurs torse nu,
couverts d'amulettes de toutes sortes. Leur peau était lui-
sante de sueur et leur poitrine bombée. Des muscles saillants
gonflaient leurs omoplates, leurs bras et leurs mollets. Des
griots, tam-tam en bandoulière, faisaient rouler la batterie et,
répondant à leurs appels, les lutteurs évoluaient par bonds et
ressemblaient à des fauves. Certains d'entre eux portaient
attachés à la ceinture une multitude de pagnes aux couleurs
éclatantes et variées ; lorsqu'ils dansaient en décrivant des

demi-cercles, les pagnes se déployaient comme un éventail et offraient un très beau spectacle à la foule heureuse. Nalla n'avait jamais rien vu de tel. Il fut aussitôt saisi d'admiration. Pris dans le délire, il suivait le mouvement de la foule lorsque, tout à coup, il crut apercevoir dans un des lutteurs son ami André. Oui. C'était bien lui ! Ballotté, bousculé, il brava tout de même la marée pour se trouver devant André. Celui-ci fut tout surpris de voir un enfant lui sauter sur le cou et l'agripper fortement. Nalla était ivre de joie.

Nalla venait de découvrir un autre monde. Chaque fois qu'il avait la possibilité de s'absenter sans attirer l'attention de ses parents, il allait voir André dans une vaste maison composée de cases au toit de chaume. Cette maison ne désemplissait pas. Toutes sortes de visiteurs y affluaient à longueur de journée. On y venait causer bruyamment à l'ombre du fromager géant qui trônait au milieu de la cour, ou disputer une partie de cartes, ou observer de tout jeunes enfants qui s'initiaient déjà à l'art de la lutte.

La première fois qu'il y avait pénétré, Nalla avait senti la tête lui tourner. Cette foule avait quelque chose d'insolite pour lui. Timidement, il avait demandé à un enfant qui passait près de lui d'appeler André.

– André ? Qui est André ?

– André est un homme costaud, de teint très noir, et il vend du « conkom »… C'est un lutteur aussi.

L'enfant n'avait aucun vêtement sur lui. Il ne portait qu'un slip qui avait perdu ses couleurs. Nalla transpirait dans son « jean » bien repassé et se sentait mal à l'aise dans ses bottines impeccablement lacées. Il enviait presque la désinvolture de l'enfant. Celui-ci, après un moment de réflexion, l'avait invité à le suivre.

– Viens avec moi ; on va voir là-dedans.

Le garçon était vraiment affable. Il avait spontanément pris la main de Nalla, mais celui-ci n'osait pas avancer.

– Viens avec moi !

– Non. Appelle-le moi seulement. Dis-lui que c'est Nalla qui le cherche. Je préfère attendre ici.

L'enfant avait détalé comme un lièvre. Quelques instants après, Nalla avait aperçu André venant du fond de la cour à grandes enjambées.

– Ah ! petit, tu es venu me voir ! C'est gentil ; c'est très gentil. Je suis content.

Il avait passé la main autour du cou de Nalla. Il était visiblement heureux. Un large sourire illuminait son visage.

– Qui t'a conduit ici ?

– Je connaissais la rue. Quand j'y suis arrivé, il m'a suffi de demander au vendeur de colas qui est là-bas, au bout de la rue, de m'indiquer la maison. Tu as oublié le jour où je vous ai suivis, toi et les autres lutteurs ? Vous reveniez des arènes. J'avais bien observé les environs pour avoir des points de repère.

– Je n'ai pas oublié ce soir-là. Et même il faisait tard, très tard pour un garçon de ton âge. Et je t'avais raccompagné.

Il faisait tard. C'était la nuit. Ndiogou était parti en tournée dans les villages environnants. Ne voyant pas rentrer son fils, Diattou s'était rendue au cinéma. La séance avait pris fin depuis longtemps. Inquiète, extrêmement inquiète, elle s'était précipitée au Collège où le surveillant général lui avait communiqué quelques adresses d'élèves de la même classe que Nalla. Elle avait vainement frappé à de nombreuses portes. C'était la première fois que son fils s'attardait dehors. Totalement désemparée, elle avait pris le parti d'attendre Ndiogou qui rentrerait certainement dans la soirée. Elle était seule, toute seule dans le salon, recroquevillée dans le canapé, les yeux rivés sur la porte, sursautant au moindre bruit, imaginant douloureusement son fils dans un groupe d'enfants grossiers, mal habillés, vulgaires. Lorsqu'après une interminable et lourde attente, elle vit le loquet bouger, elle bondit vers la porte et se trouva nez à nez avec son fils.

– Nalla, qu'est-ce que c'est que ces manières ? Où étais-tu ?

Elle suffoquait. Sa voix était à peine perceptible.

– Ici, derrière la maison.

– Comme tu sais mentir ! Quelle maison ?

– Ici, derrière. Je jouais au football.

– Menteur ! Tu apprends à mentir maintenant !

Et une paire de gifles avait aveuglé Nalla. Celui-ci vit se bousculer devant ses yeux des myriades d'étincelles. Sur ses joues rondes les mains de Diattou avaient allumé le feu. Il avait crié et, cachant son visage dans ses mains, avait pris la direction de sa chambre en sanglotant.

Ce soir-là, le dîner était resté intact sur la table jusqu'au lendemain. Ni Diattou, ni lui, ni Ndiogou, qui était rentré à une heure avancée de la nuit, n'y avaient goûté. Les domestiques en avaient fait un copieux petit déjeuner.

Cette première fois où il était allé voir André, Nalla n'avait pas raconté la correction qui lui avait été administrée. Il avait posé sa joue droite sur le bras d'André passé autour de son cou, et il avait exploré du regard le fromager géant, les visages calmes, les têtes rases, les dos recourbés et les moutons qui, là-bas dans un coin, broutaient quelques pousses à peine naissantes. Ensuite il avait demandé à André :

– Toutes ces personnes habitent ici ?

– Non, pas toutes… Certaines d'entre elles sont venues palabrer. D'autres, comme moi, ont quitté leur village pour séjourner ici quelque temps.

– Ah bon ! Ça va alors… Je me disais que si elles habitaient ici, elles ne pourraient pas toutes dormir dans les cases… Il n'y aurait pas de place.

– Elles dormiraient dehors ! La cour est spacieuse et il est tellement agréable de dormir à la belle étoile !

– Dormir dehors ! Ce n'est pas sûr ! C'est dangereux ! Il y a toutes sortes de bêtes qui peuvent faire mal. Surtout les serpents.

– Tu crains le serpent ?

– Ah oui ! C'est une bête qui me fait frissonner. Rien qu'en y pensant, je frissonne… Un jour, dans la brousse, un serpent venimeux a mordu mon père. Heureusement qu'il a toujours des sérums sur lui.

– Il n'est pas méchant, le serpent. Il n'attaque pas.

– Ne parle plus de serpent. Ça me fait peur.

André avait senti les mains de Nalla se crisper sur son bras. Il s'était baissé pour le regarder et avait vu que ses yeux étaient fermés et que tout son visage était froncé.

– Tu crains le serpent à ce point ! Tu as tort. Attends. Assieds-toi là, près de moi. Regarde-moi, là. C'est bien. Je vais te raconter une histoire merveilleuse pour te démontrer que les serpents ne sont pas si cruels qu'on le croit. Et à partir d'aujourd'hui, tu n'auras plus peur des serpents… Tu n'auras plus peur de rien. Tu es un homme, voyons. Tu m'écoutes ?

– Oui, je t'écoute.

« Tu sais, chez nous, dans le Saalum, après les récoltes, c'est la fête. Une fête qui s'allonge et s'allonge. Pendant des jours et des jours, le tam-tam charge l'atmosphère de son battement sonore. De jour et de nuit, on chante, on danse, on mange. Lorsque les greniers débordent de mil, de maïs, de riz, et que le bétail aux flancs lourds se dandine nonchalamment dans les enclos tapissés de verdure, que pouvons-nous faire d'autre que de nous réjouir en remerciant le Tout-Puissant de nous avoir prodigué tant d'abondance ? Pour fêter la bonne récolte et le gibier foisonnant, les jeunes filles se font plus charmantes avec leurs fines tresses constellées de perles, avec leurs boucles pendantes, avec leurs camisoles bariolées. Dans les arènes, leur sourire lumineux comme un croissant pailleté stimule les jeunes gens venus de toutes les régions environnantes pour s'affronter dans des combats amicaux.

« Une nuit, j'étais revenu d'un de ces combats. J'avais battu mon adversaire. Un adversaire de taille qui, au cours des journées précédentes, s'était révélé le lutteur le plus coriace. Personne n'avait réussi à venir à bout de sa force, de sa mobilité et de son intelligence. Le Tout-Puissant me donna la force de déjouer tous ses pièges. Pendant une bonne partie de la nuit, on avait fêté ma victoire. Il était lui aussi de la fête, car ces combats sont une occasion de nouer ou de sceller des amitiés. Ensuite j'étais rentré fatigué. Très fatigué. Je m'étais jeté tout habillé dans mon lit sans même prendre la peine de fermer la porte de la case. J'avais dormi comme une souche et, au matin, la vive clarté d'un rayon infiltré par la porte m'avait réveillé. En bougeant, j'avais senti quelque chose de mou au contact de mon épaule. C'était un serpent…

« Non, Nalla, ne tressaille pas… Tu ne dois pas tressaillir. Un garçon ne doit avoir peur de rien, je te l'ai déjà dit. La peur déshonore… Tu comprends cela, Nalla ? »

Nalla l'avait bien regardé dans les yeux pour se donner une contenance, et quand il vit la gravité qui tout à coup avait inondé le visage habituellement gai d'André, il avait fait de la tête plusieurs signes d'acquiescement.

– Tu as peur ? Faut-il que j'interrompe mon récit ?

– Non, je n'ai plus peur. Continue !

Le sourire avait encore éclairé le visage d'André :

– C'est bien, petit ! C'est comme cela que doit être un homme… Chez nous les peureux n'ont pas de place. On les maudit et on les chasse… Maintenant, devine ce que j'ai fait lorsque j'ai découvert que cette masse flasque que je sentais à mon épaule était un serpent.

– Tu l'as tué !

– Non. Pas question de le tuer ! Je suis allé lui chercher un bol de lait caillé.

Nalla avait ouvert de grands yeux.

– Eh oui, petit. Pour son petit déjeuner.

– Pourquoi vous ne le tuez pas, avait encore demandé Nalla à peine revenu de sa surprise.

– Parce que nous ne tuons jamais le serpent. Il existe un pacte entre nous et le serpent depuis nos très lointains ancêtres. Nous ne le tuons pas, et il nous protège des maléfices. C'est notre totem.

– Donc le serpent ne vous mord jamais ?

– Jamais. C'est notre totem.

– Et ceux qui n'ont pas de totem ?

– Il ne les mord pas s'ils ne l'attaquent pas.

Le récit avait laissé Nalla rêveur. Il avait regardé André comme une curiosité, puis avait à nouveau porté son regard sur l'assemblée qui peuplait la cour.

– Tous ces hommes-là, ce sont des lutteurs ?

– Des lutteurs, leurs entraîneurs, leurs supporters.

– Y a-t-il des champions parmi eux ?

– Bien sûr. Beaucoup même. Certains parmi eux font la pluie et le beau temps dans les arènes et sont maintenant à la retraite. Ils conseillent les plus jeunes. Tu vois cet homme là-bas qui porte des lunettes et un boubou gris… Celui qui se frotte les dents avec le cure-dent blanc… il s'appelle Mahanta Bally…

Pendant que Nalla attendait la suite, André avait baissé les paupières ; il avait balancé la tête d'avant en arrière, visiblement extasié, et il avait soufflé :

– Cèy[1] ! Mahanta Bally, fils de Karaman Bally, l'aigle qui n'a jamais raté sa proie ! Tu vois ce Mahanta Bally ?

– Oui, je le vois. Il porte les grosses lunettes avec une monture blanche.

– Tu peux donc te vanter d'avoir vu le plus grand lutteur de tous les temps. Lorsqu'il apparaissait dans les arènes, on avait l'impression que le tonnerre l'accompagnait. Quand j'étais tout petit, je n'aspirais qu'à devenir comme lui. Un grand lutteur comme lui. Son image remplissait tous mes rêves. Ses adversaires racontaient qu'il a des connaissances surnaturelles, car, disaient-ils, dès qu'ils se trouvaient en face de lui pour engager le combat, on l'entendait chanter avec une voix de sirène qui ne pouvait en aucun cas être la sienne :

---

[1] Marque d'étonnement et d'admiration.

C'est moi ce n'est pas moi c'est moi
Ne me vois pas ne me touche pas flanche
C'est moi c'est moi ce n'est pas moi
Lâche pied sur la terre moi debout
C'est moi ce n'est pas moi c'est moi

D'après ceux qui l'ont côtoyé, aussitôt que Mahanta avait fini de psalmodier cet air enchanteur, ils se sentaient pris comme dans un cyclone et se retrouvaient par terre. Aucun lutteur n'a jamais accepté de l'affronter une seconde fois. Mahanta n'a jamais connu la défaite. Quel homme ! Il avait la puissance d'un raz-de-marée. Des acclamations délirantes l'accueillaient lorsque, dans les arènes, il évoluait deux pas du pied droit, un du pied gauche, pointant tour à tour l'index vers les quatre points cardinaux et mugissant sous le timbre solennel des tambours :

« Dioung… Dioung… Dioung
Dioung Dioung Dioung à l'est
Dioung Dioung Dioung à l'ouest
Dioung Dioung Dioung au nord
Dioung Dioung Dioung au sud
Mahanta Bally ici debout
Fils de Karaman Bally toujours debout. »

Un vacarme fracassant envahissait alors les arènes… « Cèy » Mahanta Bally… son histoire, c'est comme un océan ; elle ne tarit jamais.

André s'était tu. Nalla, qui visiblement n'était pas rassasié, avait entrepris de le faire parler davantage :

– « Ndeysaan[1] » ! Il ne lutte plus ?

– Il est aveugle maintenant. « Il s'est baissé »…

---

1   Mot de compassion.

Lorsqu'un grand homme perd l'usage de ses yeux, c'est comme cela qu'on dit.

– Aveugle ! « Ndeysaan »… Si cela ne lui était pas arrivé, il aurait continué à lutter jusqu'aujourd'hui, et je l'aurais vu dans les arènes avançant deux pas du pied droit, un du pied gauche, pointant son index vers les quatre points cardinaux et faisant son Dioung Dioung… Il n'aurait pas dû… Il n'aurait pas dû être aveugle !

– Et la volonté du Tout-Puissant ! De toute façon, la cécité ne l'a atteint que bien des années après sa retraite. Il avait vaincu tous les champions du monde et se trouvait obligé de prendre une retraite anticipée.

– « Ndeysaan » ! C'était le champion des champions, alors. Et après lui il n'y en a pas eu un comme lui ?

– Cela ne peut pas être. Ce Mahanta Bally, personne ne pourra jamais l'égaler !…. Actuellement, son neveu lui a succédé dans la gloire, c'est un champion émérite, mais il ne pourra jamais devenir un autre Mahanta.

– Où est son neveu ?

– C'est le maître de cette maison. Regarde là-bas, au pied du fromager… l'homme qui porte un « sabador[1] » teint à l'indigo… juste à côté de Mahanta…

– Ah oui, je le vois.

– C'est lui mon « njaatigi[2] ». Allez, hop, lève-toi. Je vais t'emmener le saluer…

L'homme était un géant. Il était assis au pied de l'arbre, adossé au tronc, les deux jambes allongées. Nalla fut frappé par sa corpulence ; un véritable mastodonte dont les dimensions imposent le respect. Le premier mouvement de Nalla fut de ressentir quelque crainte à l'égard de ce géant qui défiait la nature humaine, mais aussitôt il se rappela les paroles d'André :

---

[1] Longue tunique.
[2] L'hôte, celui qui accueille.

« la peur déshonore », et il se ressaisit. Accroché à la main d'André, qui traversa la foule en le tirant, il arriva devant le mastodonte.

– Malaw, dit André, mon petit bonhomme que voici vient te dire bonjour.

Malaw l'avait tiré :

– « Ngor ci[1] », comment t'appelles-tu ?

– Nalla.

– Ah ! Tu viens me provoquer ! Ça tombe bien, je ne cherchais qu'un adversaire. Allons-y.

Et Malaw s'était saisi de Nalla avec une seule main, l'avait soulevé comme une plume et l'avait couché sur ses genoux et le chatouillait. Nalla riait aux larmes, entraînant une bonne partie de l'assistance.

– Allez, dégage-toi si tu peux. Qui est le plus fort ?

– C'est toi, c'est toi, c'est toi !

– Allez, dégage-toi.

– Pitié. ça suffit. Tu es le plus fort ! Ça suffit. « Wooy Doyna[2] » !

L'hilarité était générale. Nalla se débattait comme un poisson pris dans un filet. Puis Malaw le souleva, toujours d'une main, et le posa horizontalement sur sa tête. Étouffant de rire, Nalla s'était laissé tomber sur la natte, tout près de Malaw. Il avait perdu ses chaussures, mais ne s'en était même pas rendu compte, tant il se pâmait de rire.

– Malaw Lô, lui avait raconté André par la suite, est incontestablement le plus grand lutteur des temps présents. Il a de qui tenir… Son oncle Mahanta est là, tu connais son histoire. Mais il y a aussi son père, qui, lui, était un lion, un vrai lion. Un jour qu'il était parti à la guerre contre des fauves, et qu'il avait abattu un lionceau, la femelle l'avait pourchassé et

[1] L'homme.

[2] Ça suffit !

lui avait tailladé toute une mâchoire. Ce n'est qu'au prix d'un courage surhumain qu'il a eu la vie sauve...

– Et après ça, il luttait lui aussi ?

– Lui ! C'était un être exceptionnel. Je te parlerai de lui une autre fois. Maintenant tu vas rentrer. La nuit va bientôt tomber et il n'est pas recommandé de se trouver dehors à l'approche du crépuscule.

André l'avait accompagné jusqu'au bout de la rue. Il s'était arrêté devant l'étal d'un marchand et lui avait acheté une boîte de pastilles, des bonbons et du chewing-gum. Pendant qu'ils marchaient côte à côte, il lui avait raconté que les liens qui l'unissaient à Malaw Lô remontaient à des temps immémoriaux :

– Une longue amitié datant de nos ancêtres respectifs s'est consolidée de génération en génération. Malaw est pour moi plus qu'un frère. C'est pourquoi, chaque année, je viens passer quelques mois chez lui pour vendre mon « conkom ». Sa maison est ma maison... Sa maison est la maison de tous...

PARCOURS 1

CHAPITRE 1

1. Expliquez les mots ou expressions : *ce n'est pas la mer à boire* (p. 15) ; *il revenait harassé* (p. 16) ; *comme un château de sable qui s'est brusquement affaissé* (p. 18) ; *ténacité* (p. 18) ; *ces petits globes opaques* (p. 18) ; *paresseux consommé* (p. 19) ; *les cantatrices éperonnées* (p. 20).

2. Répondez aux questions suivantes :

- Quels mots ou expressions montrent que le professeur a perçu en interrogeant et en observant Nalla qu'il n'était « ni un paresseux consommé, ni un cancre désespérant » ?

- À quoi « ces petits globes opaques », trait récurrent dans le portrait de Nalla, vous font-ils penser ?

ANALYSER

Le cadre spatio-temporel

- Où et quand se déroule l'action du roman ?

- Quels indices grammaticaux (le temps des verbes, les compléments circonstanciels de temps et de lieux) ou lexicaux vous ont permis de répondre ?

- Après avoir fait la liste des lieux cités dans le chapitre, classez-les selon qu'ils sont ouverts ou fermés.

L'intrigue

- Le roman débute *in medias res,* c'est-à-dire qu'il introduit directement le lecteur dans l'action. Qu'est-ce que ce premier chapitre nous laisse présumer du sujet qui sera abordé dans ce roman ?

- Quels autres personnages, présents ou cités, nous permettent d'entrevoir les grandes lignes de l'intrigue ?

L'atmosphère

- Dans un premier temps, l'atmosphère du chapitre est pesante. Relevez les indices qui le prouvent.
- Quel événement modifie radicalement le ton du récit ? Quels champs lexicaux deviennent alors omniprésents ?

La progression du chapitre

- Les temps dominants du chapitre sont le présent et le passé composé. Relevez les quelques imparfaits et plus-que-parfaits. Que signifient-ils ? Définissez le terme analepse.
- Pouvez-vous dès lors reconstituer la chronologie du récit et préciser à quelles actions correspondent les indicateurs temporels suivants : « après-midi » (p. 15) ; « la dernière fois » (p. 15) ; « la prochaine fois » (p. 16) ; « un jour » (p. 16) ; « à cette heure » (p. 16) ; « trois mois » (p. 18) ; « aujourd'hui » (p. 16) ?
- Quel est selon vous l'intérêt de faire découvrir progressivement l'action au lecteur ?

ÉTUDIER LES PERSONNAGES

Nalla

- Dressez le portrait de Nalla : identité, âge, apparence physique, biographie.
- Quels vous semblent être ses principaux traits de caractère ?

Monsieur Niang

- Définissez le caractère de Monsieur Niang.
- Montrez que Monsieur Niang est aussi une figure paternelle.

Ndiogou et Diattou

- À quel milieu socio-culturel appartiennent les parents de Nalla ? Relevez les éléments qui le prouvent.
- Définissez les rapports que chacun entretient avec Nalla.
- Quel type d'éducation veulent-ils pour leur fils ?

SYNTHÈSE

- Dîtes pourquoi on peut parler de chapitre d'exposition.
- Quels reproches Ndiogou adresse-t-il à Nalla ? Citez le texte à l'appui de votre réponse.
- Quelle aide Ndiogou espère-t-il obtenir pour son fils auprès de Monsieur Niang ?
- Qu'est-ce qui montre que Monsieur Niang est un bon pédagogue ?

POUR ALLER PLUS LOIN

1. À ce moment du récit le narrateur en sait autant que certains personnages, plus que d'autres. Lesquels ?
2. Dans *L'Appel des arènes*, le narrateur est un narrateur externe (récit à la troisième personne), omniscient (il connaît les pensées des personnages) et objectif (il n'intervient pas directement dans le récit ni ne donne son opinion). Cherchez dans vos lectures des romans qui adoptent d'autres types de narration et décrivez-les.

ÉCRIRE

Vous êtes-vous déjà, comme Nalla, retrouvé transporté mentalement dans un autre lieu ? Racontez sans oublier de préciser les circonstances et le lieu de votre rêverie.

RECHERCHER

Faites des recherches sur la lutte sénégalaise et son histoire. Dans quelles régions s'est-elle d'abord développée ? Quelles sont les étapes successives qui rythment le combat ? Depuis quand s'est-elle professionnalisée ?

PARCOURS 1

CHAPITRE 2

COMPRENDRE

1. Expliquez les mots ou expressions suivantes : *des coups d'œil furtifs* (p. 21) ; le désir inextinguible (p. 22) ; *radieuse comme une rosée d'aurore* (p. 22) ; *la merveilleuse épopée* (p. 22) ; *ces flopées* (p. 23) ; *inculqué des principes* (p. 23) ; inquisition mentale (p. 24) ; *avoir le « dos chaud »* (p. 24) ; *exorciser* (p. 24).

2. Répondez aux questions suivantes :

- À quelle période de l'histoire européenne le terme « inquisition » fait-il référence ?
- Quelles sont les différences entre un psychologue et un psychiatre ?

ANALYSER

L'atmosphère

- Comment qualifieriez-vous l'atmosphère de ce chapitre ? Justifiez votre réponse par des relevés précis.
- Quelle suggestion faite par Monsieur Niang au chapitre précédent en est la cause ?

La narration

- Comment distingue-t-on les paroles rapportées directement de celles rapportées indirectement ?
- Quel procédé vous semble avoir privilégié l'auteur ?
- En quoi est-ce habile ?

ÉTUDIER LES PERSONNAGES

Nalla

- Nalla est physiquement absent de ce chapitre, cependant, le narrateur y expose son point de vue. Quel est-il ?
- De quoi souffre Nalla ? Citez le texte à l'appui de votre réponse.

Ndiogou

- Ndiogou vous semble-t-il un père impliqué dans l'éducation de son fils ?
- Que préconise-t-il pour aider Nalla ?
- Que traduit ce choix de la personnalité de Ndiogou ?

Diattou

- Faites le portrait de Diattou en tant que mère.
- Diattou ne parvient pas à avoir d'autres enfants que Nalla. Quels sont les différents sentiments que cela lui fait éprouver. Justifiez vos réponses par des relevés précis dans le texte.
- Diattou refuse de consulter le « Boroom Xam-Xam » selon les conseils des voisines, mais aussi de faire voir Nalla à un psychologue comme le préconise Ndiogou. Est-ce pour les mêmes raisons ?

SYNTHÈSE

- Des conflits à venir se dessinent entre les personnages présents ou cités dans ce chapitre. Faites la liste de ces conflits.
- Comment l'auteur organise-t-il les oppositions entre la science, la superstition et l'imaginaire ? Étayez votre réponse de citations.
- Quels passages du chapitre évoquent les affres de la solitude ?
- En quoi le métier de Diattou est-il un facteur aggravant de sa souffrance à « n'avoir enfanté qu'une seule fois » ?
- L'univers familial et urbain apparaît clos et s'oppose à la nature ouverte et luxuriante. Relevez le passage qui l'illustre.

POUR ALLER PLUS LOIN

- Une épopée est un récit d'épreuves et de faits glorieux accomplis par un héros ou une héroïne. Elle décrit souvent l'origine d'un peuple ou d'une famille. Pourquoi Nalla rêve-t-il d'épopée ? Que reproche-t-il à son quotidien ?
- Que sait-on de Mapaté, le conteur ? À votre avis, pourquoi l'auteur fait-il ce choix ?

Vous semble-t-il préférable d'être enfant unique ou membre d'une nombreuse fratrie ? Vous exposerez et ordonnerez vos arguments.

RECHERCHER

- Faites des recherches sur certaines des plus célèbres épopées d'Afrique. Dîtes-en l'origine et rédigez de brefs résumés.
- L'épopée est un genre universel. Recherchez le nom de quelques épopées célèbres en dehors du continent africain.

PARCOURS 1

CHAPITRE 3

COMPRENDRE

1. Expliquez les mots ou expressions : *les yeux embués* (p. 27) ; *la dignité du lion* (p. 30) ; *se répand en trémolos* (p. 30).

2. Répondez aux questions suivantes :

- « Malaw, c'est un hercule » : à quel mythe de l'Antiquité grecque cette phrase fait-elle référence ? Faites-en un bref résumé.
- L'adjectif « auguste » renvoie également à un personnage de l'Antiquité. Que savez-vous de lui ? Expliquez ce choix dans le contexte.
- Le chant des cantatrices est « ensorcelant » : cela vous rappelle-t-il un mythe célèbre ? Lequel ?
- Quel sens donnez-vous à ces multiples références de l'auteur ?

ANALYSER

Le temps

- Étudiez l'emploi des temps verbaux dans les trois premières phrases du chapitre et disposez les verbes conjugués sur un axe horizontal de manière à mettre en évidence la chronologie des actions ou pensées représentées.
- La scène exposée fait-elle coïncider le moment de l'écriture (de la narration) et le moment de la fiction (de l'histoire racontée) ? Quels temps verbaux, adverbes et groupes nominaux compléments circonstanciels (indicateurs spatio-temporels) le prouvent ?
- Montrez que l'aveu de Nalla instaure une rupture dans la chronologie du récit.
- Lorsqu'il s'agit de parler de Nalla ou d'évoquer les angoisses que ses difficultés scolaires font vivre à ses parents, l'auteur adopte systématiquement le présent. Ce choix vous semble-t-il pertinent ? Pourquoi ?

ÉTUDIER LES PERSONNAGES

Nalla

- Les yeux de Nalla « embués à faire pitié » trahissent sa détresse. Pourquoi ne réussit-il pas à confier son secret à ses parents ?
- Lorsque Nalla parvient à « lâch[er] sa réponse comme une lourde charge », il est soulagé, sa parole se libère. Il est « métamorphosé ». Quels mots et expressions le montrent ?
- Montrez comment l'attitude de Nalla est modifiée par son aveu.

Diattou et Ndiogou

Comment les parents de Nalla réagissent-ils à l'aveu de Nalla ? Ont-ils bien compris le sens des propos de leur fils ? Pourquoi ?

Malaw

- De quelle manière Nalla décrit-il Malaw ? Étayez votre réponse par des citations précises.
- Quels effets ce portrait produit-il sur le lecteur ?

SYNTHÈSE

- Dans ce chapitre, le type de discours dominant est-il narratif, descriptif, dialogal ?
- Qui parle ? Qui accapare le plus la parole ? À partir de quel moment ?
- Établissez-vous une relation entre la chaleur évoquée par Diattou et l'ambiance qui règne dans les arènes ?

POUR ALLER PLUS LOIN

L'aveu de Nalla constitue un tournant dans l'intrigue du roman. Montrez que l'auteur utilise dans ce passage deux figures de styles fortes : la synecdoque et la métaphore. Définissez ces deux figures, repérez-les et expliquez-les.

ÉCRIRE

1. Imaginez une scène de théâtre à deux ou trois personnages au cours de laquelle l'un des personnages fait un aveu difficile. Quelle serait alors la réaction des deux autres personnages ?

2. Faites le portrait d'un de vos héros ou d'une de vos héroïne (artiste, sportif...) dans le but de communiquer votre enthousiasme à votre interlocuteur.

RECHERCHER

Connaissez-vous comme Nalla des « bàkk » faisant l'éloge de grands champions de lutte sénégalaise ou d'autres chants ou poèmes vantant les exploits sportifs de « dieux du stade » contemporains ?
Recherchez-en quelques-uns qui vous semblent particulièrement réussis.

PARCOURS 1

CHAPITRE 4

COMPRENDRE

1. **Expliquez les mots ou expressions :** *les flèches du soleil* (p. 33) ; *fulminait contre la marâtre* (p. 34) ; *gratifiée de fabuleuses richesses* (p. 34) ; *les larmes du rônier* (p. 36).

2. **Répondez aux questions suivantes :**
- Comment qualifieriez-vous le vocabulaire employé dans ce chapitre, particulièrement dans les nombreuses séquences descriptives ? Justifiez votre réponse en donnant des exemples précis.
- « Les flèches du soleil », « les larmes du rônier » : comment appelle-t-on ces figures de style ?
- De nombreuses espèces végétales tropicales sont citées. Dressez-en la liste et cherchez des informations sur celles que vous ne connaissez pas.

ANALYSER

Le temps
- Quand se déroule ce chapitre ? Qu'est-ce qui vous permet de répondre ?
- Le temps dominant du chapitre est l'imparfait dans les séquences narratives et le présent dans les dialogues. Quels autres temps rencontrez-vous dans ces deux types de séquences ? Donnez-en des exemples.

L'intrigue
- L'intrigue s'enrichit de l'apparition de nouveaux personnages dans le récit et de découvertes pour Nalla. Qu'a-t-il découvert ?
- Ces connaissances nouvelles sont entrées en résonance avec d'autres plus anciennes. Lesquelles ?

L'atmosphère
- L'atmosphère, jusqu'alors pesante, devient légère et aérée. Montrez-le.

ÉTUDIER LES PERSONNAGES

Nalla

- Comment l'auteur traduit-il l'exaltation de Nalla face au récit d'André ? Étayez votre réponse de relevés précis.
- Sur quels thèmes portent les questions de Nalla ? Quelle signification leur donnez-vous ?

André

- Quelle impression donne la première description d'André au lecteur ?
- Peut-on dire que le personnage a des aspects surnaturels ? Justifiez votre réponse.
- Qu'est-ce qui rapproche André de Mame Fari, la grand-mère de Nalla ?
- Par la suite, la conversation engagée avec Nalla permet au lecteur de découvrir la personnalité d'André. Que pouvez-vous en dire ?

SYNTHÈSE

- André décrit la région d'où il vient, le Saalum. Quels traits principaux ressortent de son discours (paysages, modes de vie…) ?
- Le tableau brossé par André vous semble-t-il réaliste ? idéalisé ? Justifiez vos arguments.
- Cette description ravive chez Nalla le souvenir des contes que lui racontait Mame Fari. Quelles similitudes voyez-vous entre les récits que lui faisaient sa grand-mère et la description du Saalum que lui offre André ?
- Lorsque André propose à Nalla de lui faire goûter le « conkom », celui-ci s'inquiète. Pourquoi ? Que peut-on en déduire sur les principes que lui a inculqués sa mère ? Citez le texte à l'appui de votre réponse.
- Trouvez-vous que les questions de Nalla sont naïves ? Justifiez.

POUR ALLER PLUS LOIN

Comme l'épopée, le conte est un genre littéraire issu de la tradition orale et présent dans l'ensemble des civilisations. Il s'agit généralement d'un récit d'aventures au cours duquel un héros ou une héroïne doit surmonter des épreuves pour accéder à un nouveau statut. À la différence de l'épopée, il ne tente pas de justifier une réalité historique et il concerne plutôt l'initiation individuelle.

- Qu'est-ce qui dans ce chapitre peut se rapprocher du conte ?
- Est-ce que par certains aspects André peut être comparé à des personnages de contes ? Lesquels ?

ÉCRIRE

Décrivez un paysage qui vous a enchanté comme le fait André à propos du Saalum.

RECHERCHER

1. Faites des recherches sur le conte *Coumba* (parfois aussi appelé *Koumba-sans-mère et Koumba-avec-mère*). Rédigez un résumé et dîtes pourquoi l'auteur a choisi d'y faire référence.
2. Le Saalum, tel qu'il est décrit par André ressemble au jardin d'Éden. Recherchez des textes religieux qui décrivent le Paradis et rapprochez-les de la description d'André. Intéressez-vous notamment à la nature et à ses qualités nourricières.
   Que disent les ouvrages de géographie ou les guides touristiques de cette région ? Les images qu'ils en donnent ressemblent-elles à celles d'André ?

PARCOURS 1

CHAPITRE 5

COMPRENDRE

Expliquez les mots ou expressions : *insolite* (p. 39) ; *désinvolture* (p. 39) ; *détalé comme un lièvre* (p. 39) ; *les yeux rivés* (p. 40) ; *des myriades d'étincelles* (p. 41) ; *se dandine* (p. 42) ; *gibier foisonnant* (p. 42) ; *sceller des amitiés* (p. 43) ; *notre totem* (p. 43) ; *un champion émérite* (p. 46) ; *un véritable mastodonte* (p. 46) ; *se pâmait de rire* (p. 47).

ANALYSER

Le temps
- Quels temps sont principalement utilisés dans ce chapitre ? Que cela traduit-il sur les faits rapportés ? Pouvez-vous datez avec précisions le récit d'André ?
- Montrez qu'André évoque un passé mythique et un passé réel. Appuyez votre réponse par l'étude des marqueurs temporels.

L'espace
- Montrez que la concession de Malaw est comme une incursion du Saalum à Louga, ville moderne.
- Cela concerne-t-il uniquement le décor ou aussi le mode de vie, les relations entre les individus ? Justifiez votre réponse.

ÉTUDIER LES PERSONNAGES

Nalla
- Comparez Nalla et l'enfant qu'il envoie chercher André.
- Pourquoi Nalla est-il attiré par André et le monde qu'il lui fait découvrir ?

André
- Complétez le portrait d'André que vous avez dressé au chapitre précédent.
- Montrez qu'André est un pédagogue. Que veut-il transmettre à Nalla ?

Mahanta Bally

- Quelles valeurs représente Mahanta Bally ?
- Quelle part de merveilleux son histoire contient-elle ? Justifiez.

Malaw

- Comment le narrateur introduit-il ce personnage dans le récit ?
- À l'aide de quels procédés en fait-il le portrait ? Justifiez votre réponse en donnant des exemples précis.

Diattou

Que craint Diattou et pourquoi gifle-t-elle Nalla à son retour ?

SYNTHÈSE

- Que signifie le récit d'André sur les serpents ? Quelle morale faut-il en tirer ?
- Montrez que ce chapitre oppose deux modes de vie, l'un traditionnel et l'autre moderne. Caractérisez chacun d'entre eux.

POUR ALLER PLUS LOIN

Lorsqu'André renseigne Nalla sur la concession, il lui indique que certaines personnes sont « venues palabrer » (p. 41). Qu'est-ce que la palabre précisément ? Quelle importance cette activité revêt-elle, notamment en Afrique de l'Ouest ? Est-ce que Nalla est habitué à cette pratique dans son quotidien ? Pourquoi ?

ÉCRIRE

- Vous a-t-on déjà raconté des histoires merveilleuses comme celles qu'André raconte à Nalla ? Dans quelles circonstances ? Quelles impressions vous ont laissées ces histoires ? Racontez.
- André dit à Nalla : « Un garçon ne doit avoir peur de rien […]. La peur déshonore… » (p. 43) Êtes-vous d'accord avec cette affirmation ? Argumentez.

Qu'est ce qu'un totem ? Donnez la définition la plus précise possible.

Dans quelles cultures ou civilisations la référence aux totems existe-t-elle ?

Que signifient les totems sur les rapports de l'homme à la nature et au monde ?

André fait à la fois référence aux totems et au Tout-puissant. Qu'en concluez-vous sur ces croyances personnelles ?

SYNTHÈSE DE PARTIE

1. Ce premier parcours de lecture nous a fait découvrir Nalla, le héros, dans une situation de tension. Comment la résumeriez-vous ?

2. Cette opposition entre modernité et tradition vous semble-t-elle caractéristique du Sénégal de l'époque du roman ? Pourquoi ? Et aujourd'hui, cette opposition existe-t-elle encore ?

3. Classez les personnages du roman selon leur position par rapport à ce conflit.

4. Certains personnages endossent parfois le rôle de narrateur quand ils prennent la parole pour raconter leur propre histoire ou celle d'une tierce personne. Donnez-en des exemples.

5. Donnez un titre à chaque chapitre de cette première partie et précisez pour chacun les principaux points de vue exprimés. Vous pouvez réunir vos réponses sous forme de tableau.

Quelques mois après, André avait annoncé son départ à Nalla :

– Il est temps d'aller préparer les champs. L'hivernage approche.

– Quand reviendras-tu ?

– Après les récoltes.

Nalla était très déçu. André l'avait vu à son regard sans éclat.

– Aussitôt après les récoltes, avait repris André, je t'apporterai des épis frais de maïs ; nous les grillerons ensemble, et nous nous enivrerons de leur odeur de champ fraîchement labouré…

Le jour du départ, Nalla s'était rendu à la gare routière. Il était heureux que ce fût un mercredi, jour de repos. Il avait demandé la place des véhicules qui desservent le Saalum. Pendant qu'il scrutait du regard l'intérieur des cars remplis de voyageurs, il avait tout à coup senti de grosses mains se plaquer sur son visage et lui fermer les yeux. Il avait tout de suite deviné que c'était André.

– C'est toi, André ! Je te cherchais !

– Mon car est là-bas. Je t'ai fait signe quand je t'ai aperçu, mais tu ne m'as pas vu… Il y a tellement de monde ici…

Des gens se bousculaient autour des véhicules. Des badauds arrachaient aux voyageurs leurs bagages et il s'ensuivait des disputes interminables. Des marchands ambulants criaient leurs marchandises. Un va-et-vient incessant. Un brouhaha terrible. Nalla était étonné. De temps en temps, des voitures chargées de voyageurs passaient en trombe et manquaient de peu d'écraser les passants ; personne ne s'en souciait outre mesure.

Accroché à la main d'André, Nalla s'était retrouvé devant un car surmonté d'un tas de balluchons et de bagages de toutes sortes, retenus par un filet.

– C'est à bord de ce car que je vais voyager… Il a son plein de voyageurs… Nous allons bientôt partir…

Nalla n'avait rien dit. André avait acheté des beignets de coco et les lui avait offerts. Puis, en souriant, il avait dit à Nalla :

– Petit, va devant la vitre là-bas ; c'est à ce niveau que se trouve ma place. Je vais entrer dans le car ; c'est bientôt le départ.

Le sourire ne pouvait pas masquer l'émotion d'André. Penché à la fenêtre, il était incapable de soutenir le regard triste de l'enfant. C'est presque avec soulagement qu'il avait entendu le bruit des portières qui se refermaient. Une dernière fois, d'une voix étranglée, et pendant que le car démarrait, il avait crié :

– Petit, à bientôt… à bientôt… Au revoir !

Des mains s'agitaient. Nalla avait fait demi-tour, la tête baissée, le cœur gros. Il avait senti la solitude l'étreindre intensément, mais, en cours de route, il s'était rappelé qu'il y avait Malaw. Ils avaient eu tous les deux le temps de se familiariser. Chaque fois que Nalla allait rendre visite à André, il allait aussi « jouer » avec Malaw, comme avec un garçon de son âge, car ce mastodonte avait encore un cœur d'enfant. Leur rencontre commençait inévitablement par un combat à l'issue duquel le géant se faisait publiquement déclarer vainqueur par le vaincu, et s'achevait par des jeux de devinettes et par des récits où étaient mis en relief la force, le courage et la dignité des hommes d'autrefois. Le trio se séparait alors, chacun le cœur en fête.

Et Nalla s'était mis à attendre André. Souvent son imagination le transportait au cœur du Saalum, dans les champs qui s'étendent à perte de vue, comme le lui avait raconté André. Il « voyait » alors des hommes torse nu, suant sous le soleil ardent, et défrichant une terre que de longs mois d'abstinence avaient desséchée. Des pioches viriles remuaient le sol meuble ; ça et là, des tas d'herbes pâlies par la chaleur attendaient d'être brûlées…

– Pourquoi ne jette-t-on pas cette herbe au lieu de la brûler ? Les taches noires qu'elle forme en brûlant enlaidissent les champs, comme des blessures sur une peau saine.

– C'est que les débris calcinés nourrissent le sol, avait répondu Malaw. Nos grands-mères l'ont cru ; nous aussi, nous le croyons. Peut-être que demain, vous n'y croirez plus.

Nalla attendait André. Dans le Saalum, il « voyait » des enfants insouciants gambader et aider aux travaux champêtres. Comme le lui avait dit André. À l'heure du repas, des jeunes filles au pas ferme et au buste ondulé apportaient des calebasses de « laax[1] ». L'agréable odeur de lait caillé ! Et André, après s'être régalé et avoir bu quelques gorgées de l'outre qu'il venait de plonger dans le puits, piochait, piochait, trempé de sueur sous l'éclatant soleil qui cuisait sa peau hâlée…

Puis, sans transition, les champs se couvraient de verdure, et les épis de mil se pointaient vers le ciel, et le maïs se parait de sa chevelure dorée. Les paysans, vigoureux et gais, s'extasiaient devant les montagnes de mil, d'arachides et de maïs… Ils ne sentaient plus la fatigue. Ils riaient d'une franche gaieté. André, le même sourire toujours à la bouche, arrachait des épis de maïs, et les lançait dans un panier… Un panier rempli de maïs à senteur de terre humide… Et le rêve continuait, sollicité à chaque instant par Nalla, entretenu et caressé par lui.

Puis vint l'hivernage. Lorsque la pluie tombait à verse, Nalla pensait à André courbé sous la pluie battante, traçant des sillons avec son « hilaire » pour faire passer l'eau ; et Nalla « entendait » les gouttes d'eau qui s'abattaient sur le dos d'André…

Et l'hivernage finit. Nalla attendait toujours le maïs grillé à odeur de terre fraîchement labourée. Le temps passait. Nalla comptait les jours.

---

1 Bouillie de mil arrosée de lait caillé.

– Il y a longtemps qu'il n'a pas plu… La saison des pluies est finie !

– Elle est finie, avait répondu Malaw… C'est même la fin des moissons. André ne tardera pas.

Et un jour ce fut pénible. Atrocement pénible. Nalla n'avait pas trouvé Malaw au pied du fromager. La cour était pratiquement déserte ; Nalla était intrigué. Où pouvait être Malaw ? « Sûrement pas aux arènes, puisqu'il n'y va qu'en fin d'après-midi ». Nalla avait attendu près de la porte. Une fillette était passée devant lui, revenant du puits, un seau d'eau maladroitement posé sur la tête. Nalla l'avait interpellée :

– « Janq bi[1] », où est Malaw ?

– Il est parti… Ils sont tous partis.

– Partis où ?

– Aux funérailles d'André. Dans le Saalum.

Nalla avait eu la sensation que la terre allait s'ouvrir et l'engloutir. Il avait senti le soleil ardent devenir une fournaise et le consumer. Il avait vu les maisons, les arbres et les êtres mener une danse infernale, et il s'était écroulé, au bord de l'étouffement. Des femmes accourues aux cris des fillettes l'avaient inondé, et lorsqu'il avait repris connaissance, il n'avait pas accepté de se faire accompagner.

« Ça va… Je peux rentrer tout seul… C'est passé… »

Pendant plusieurs jours, il avait refusé toute nourriture, prétextant des maux de tête et éclatant en sanglots lorsque Diattou, au comble de l'anxiété, insistait pour lui faire avaler quelque chose, et le pressait de questions après l'avoir gavé de sirops, d'aspirine et de nivaquine :

« Ça va mieux ? Vers quel côté ça te fait mal, à la nuque, ou au front ? »

Ses nuits étaient meublées par la présence d'André. André versant dans le pot en fer blanc le « conkom » glouglouttant…

---

[1] Jeune fille.

André prenant de l'élan pout lui envoyer le ballon... André, sifflet à la bouche, dansant au son du tam-tam... André lui offrant un grand panier rempli d'épis de maïs et arborant son sourire habituel... Les cheveux dorés de maïs !.... L'odeur de champ fraîchement labouré !....

La douleur et le refus de se nourrir avaient creusé ses joues, au grand malheur de ses parents. Ils lui donnèrent des calmants pour atténuer l'agitation fébrile qui traduisait ses nuits de cauchemar.

Petit à petit, il avait repris ses forces. Lorsqu'il fut « guéri » et en mesure de reprendre ses cours, il se rendit à nouveau chez Malaw. Ils n'avaient pas lutté ce jour-là. Malaw l'avait fait asseoir tout contre lui, l'avait longuement regardé sans dire un mot, et, lui prenant brusquement la main dans la sienne, il lui avait raconté :

« André est mort en héros sur le fleuve qui, comme une guirlande d'argent taquinée par le vent, court en méandres vers Jiloor et vers Foundiougne. André et ses compagnons transportaient une partie de leurs récoltes vers l'autre côté du fleuve, dans l'île où se trouve la coopérative des producteurs. C'était la nuit. Une nuit sans étoile au-dessus du fleuve fredonnant sous la ronde des avirons. Tout à coup les piroguiers avaient vu une lumière balayer le fleuve, puis disparaître. Ils avaient entendu simultanément un bruit de moteur qui devenait de plus en plus distinct. Ils se dirent que des douaniers les poursuivaient dans une vedette à la recherche d'éventuels fraudeurs. C'est un événement courant après la période des récoltes. Ils n'eurent plus de doute quand la lumière réapparut et resta braquée sur la pirogue et ses occupants. Ceux-ci s'arrêtèrent alors, jetèrent les avirons dans la pirogue, et attendirent, droits, muets, et immobiles comme des piquets.

– Si vous voulez avoir la vie sauve, remettez-nous votre cargaison ! cria une voix lugubre.

Alors les piroguiers reconnurent qu'ils avaient à faire à des brigands. Inondés par l'éclat des torches, ils se regardèrent, et, sans se dire un mot, sentirent le déshonneur de se laisser dépouiller si facilement par des brigands qui n'avaient jamais sué.

– Vous sentez la honte ! lancèrent quelques-uns aux brigands.

– Rendez-vous ou nous tirons ! hurlèrent les brigands.

Sur le fleuve, sous un ciel sans étoile, les brigands et les paysans étaient face à face, à cinq mètres environ les uns des autres. Les brigands avaient arrêté le moteur de leur embarcation qui était en réalité une pirogue motorisée.

– Rendez-vous ou nous tirons ! répétèrent-ils.

– Nous ne capitulerons pas. On ne nous déshonore pas !

Les brigands tenaient leurs pistolets braqués sur les paysans et les sommaient de se rendre. Ceux-ci ne bougeaient pas.

Les paysans étaient immobiles comme des statues de granit, le visage crispé, l'œil sauvage. Au-dessus du fleuve, le feu follet étourdissant des torches. Les paysans attendaient le corps à corps, mais les brigands n'approchaient pas. Leurs pistolets étaient toujours pointés vers les piroguiers.

– Ceci est notre dernière sommation ! Vous êtes des dingues ! Rendez-vous ou nous tirons ! C'est votre vie ou vos graines, espèces de fous !

Les piroguiers dégaînèrent. Les poignards scintillèrent de feux affolants. Le silence était accablant. Au-dessus du fleuve, étinçelant de la lumière des torches, sous un ciel sans étoile, les reflets virevoltant des lames intenables…

Les brigands tirèrent… « Ciem[1] » !

Malaw avait craché. Sa lèvre inférieure s'était allongée et une grimace d'indignation plissait son visage. Il s'était tu un instant, et avait repris :

---

[1] Mot d'indignation et de mépris.

« Ils tirèrent à distance… C'est plus commode que de s'engager en tant qu'homme dans un combat digne d'un homme. André et beaucoup de ses compagnons tombèrent non sans avoir riposté dans un ultime acte de bravoure. Certains poignards lancés avec la dernière énergie avaient croisé les balles des brigands. Dans le tumulte, deux cultivateurs étaient descendus dans le fleuve au même moment où leurs sabres fonçaient comme des bolides dans la chair de leurs ennemis… Les brigands aussi ont eu à enterrer leurs morts… Sans doute surpris de rencontrer une résistance, les autres s'étaient enfuis sans avoir déchargé la pirogue.

Nalla était au bord des larmes. Malaw avait pitié de lui, mais il avait dit :

– Ne pleure pas, petit ! Ne pleure pas ! André n'a jamais aimé les hommes au cœur faible. Ce qui importe aujourd'hui, ce n'est pas sa mort, mais son honneur. S'il avait souillé son sang et son nom, tout le monde aurait pleuré, non en versant des larmes, mais dans la chair et dans le cœur. Sois fier d'André si tu l'as aimé.

Ces malfaiteurs qui l'ont tué, c'était six loques humaines détruites par la drogue et par l'alcool. Ils avaient volé la pirogue motorisée et les deux pistolets qui les armaient. Ils ont fini par tomber dans les mains des policiers.

Lève-toi et rentre chez toi en te disant qu'André n'est pas mort, mais qu'il a simplement disparu. Les braves ne meurent jamais. Lève-toi et pense à cela. Penses-y toujours, petit… Demain, tu reviendras…

Pendant qu'il déambule nonchalamment le long des palissades grisâtres qui bordent le chemin sablonneux, Nalla sent des coups de marteau à ses tempes en repensant au récit de Malaw. Douloureusement il a encore réalisé son impuissance sur le cours des événements. Pourquoi André n'était-il pas resté avec lui ? Pourquoi avait-il voulu partir et pourquoi n'était-il pas revenu aussitôt après les récoltes, avec les épis de maïs à odeur de terre fraîchement labourée, comme il l'avait promis ?

« S'il était resté, il serait encore vivant… Et Malaw pense que je le trahirais en le pleurant… »

Non, c'est trop, trop demander à Nalla. Il sent, dans sa poitrine, comme une outre pleine qui bondit et qui le fait suffoquer. Pour se distraire, Nalla arrache énergiquement quelques tiges de bambous. La palissade siffle. Au loin résonne la cascade rythmée des pilons. Le chemin est désert. Comme un forcené, Nalla casse les tiges ; le bruit sec qu'elles émettent accentue son vertige ; il sent sa tête tourbillonner et il s'affale au pied de la palissade. De lourds sanglots se perdent dans la rumeur sonore des pilons qui heurtent les mortiers. Loin de tous les regards et surtout celui de Malaw, Nalla a pleuré à satiété et a vu brusquement ressurgir l'image de Mame Fari, la grand-mère adulée.

« Peut-être bien que Mame Fari avait raison. Il me reste maintenant l'oubli et Malaw ».

Mame Fari avait coutume de lui dire :

– L'homme doit avant tout remercier le créateur de lui avoir donné l'oubli, car sans l'oubli, personne ne pourrait vivre la vie.

Nalla avait beau remuer ses méninges, il n'était pas arrivé à percer le sens de cette sentence que répétait grand-mère Fari. Un jour, il avait répondu :

– Eh Mame ! Et pourtant tu me grondes toujours lorsque j'oublie quelque chose. Si l'oubli est bon, pourquoi alors tu me grondes ?

Mame Fari avait souri, les yeux mi-clos, puis, comme en rêvant, elle avait dit :

– Ce n'est pas de cet oubli-là que je parle, mon petit néné tout petit.

– Il en existe plusieurs, alors ?

– Celui dont je parle, tu l'appelleras un jour, mon « néné touti ». Tu l'appelleras de tous tes vœux. Tu l'imploreras quand tu sortiras du paradis de l'enfance où tu te trouves maintenant. Lorsque tu découvriras les sommes de douleurs et de souffrances que la vie nous réserve, tu verras que l'oubli est un cataplasme pour le cœur et le meilleur ami de l'homme.

Quand elle parlait ainsi, Mame Fari secouait la tête et de petites rides apparaissaient aux encoignures de sa bouche.

– Et si l'on n'oublie pas ?

– Le temps nous impose l'oubli, mon petit… Il nous l'impose. C'est une loi de la nature, voulue par le Créateur. Je n'avais qu'un fils et ta mère. Mon petit Séga, si beau, si généreux… Il était à la fleur de l'âge et devait terminer son service militaire avant de s'engager dans la carrière de médecin qu'il avait choisie… Une épidémie de variole me l'a emporté en même temps que mon mari, à deux jours d'intervalle… Cela fait aujourd'hui vingt-deux ans qu'ils sont partis avec tous mes espoirs. Pendant vingt-deux ans, jour après jour, aurais-je eu la force de vivre cette atrocité comme je l'ai subie les premiers jours ?…. Au fur et à mesure que le temps passait, la douleur s'est atténuée… Mais leur souvenir dans mon cœur ne s'effacera jamais… Jamais… C'est ça la vie.

Nalla aimait entendre Mame Fari replonger dans son passé qui était pour elle un bain de jouvence et le plus sacré des pèlerinages. À travers les nombreuses histoires qu'elle lui racontait, Nalla avait pu reconstituer le portrait d'une jeune fille auréolée de la beauté des jardins de l'Éden. Nalla se rappelle que ce jour-là où Mame Fari avait évoqué le souvenir de son fils pour la énième fois, c'était à l'heure de la sieste. Elle était étendue sur une natte à l'ombre d'un tamarinier, face au flamboyant qui n'était pas en fleurs. Elle lui avait ensuite demandé de lui masser les jambes. Elles « commençaient à refuser », disait-elle. Son histoire terminée, elle s'était endormie…

« Mame Fari avait raison… Si elle n'avait pas raison, je n'aurais pas pu tenir jusqu'aujourd'hui après sa disparition ».

Et Nalla associe l'image d'André à celle de Mame Fari. Ils sont morts. « Non, ils sont allés rejoindre la Vraie Demeure, comme disait Mame Fari ». Au-delà de cette « retraite », quelque chose d'autre les unit : cette puissance qu'ils avaient de lui faire savourer en toute plénitude la liberté d'exister et de jouir de la vie selon ses propres désirs… « Chez Mame Fari, je pouvais me régaler, le matin, du couscous de la veille arrosé de bon lait frais. Pour maman, pas question de prendre au petit déjeuner ces mets lourds qui, selon elle, détraquent la santé. »

Nalla se rend compte qu'avec André, il avait découvert les charmes d'une vie simple, sans artifice, sans contrainte, sans conventions serviles, comme celle qu'il avait connue lorsqu'il vivait chez Mame Fari. Le pot au fer-blanc dans lequel André lui versait le « conkom » était pareil à celui qu'il plongeait dans le canari de Mame Fari pour se désaltérer.

L'univers paradisiaque dont lui parlait souvent Mame Fari, Nalla en est sorti en réalité lorsqu'il avait sept ans. Jusqu'à cet âge, pendant quatre ans, il avait été confié à sa grand-mère. Ses parents étaient en Europe où Ndiogou devait terminer ses études. Chez Mame Fari, il pouvait gambader pieds et torse nus, jouer à cache-cache avec les enfants du village, dans les buissons reverdis par les pluies. Quand l'envie le prenait de suivre dans la savane les garçons plus âgés qui allaient ramasser du bois mort, il en revenait fièrement coiffé d'un fagot pour le feu de Mame Fari.

Puis ses parents étaient rentrés d'Europe et l'avaient arraché à Mame Fari. « Elle nous a gâté l'enfant. Elle ignore que le monde a évolué et que l'on ne doit pas élever un enfant de cette manière ! » Le décret était de Diattou.

Ndiogou s'était contenté de sourire à l'enfant et il avait haussé les épaules. Il n'avait décelé aucun drame.

Finies alors les vacances éternelles ! Les marigots à l'eau boueuse où l'on pataugeait à volonté, les puits où l'on se penchait en criant pour entendre en écho sa voix, quels lointains souvenirs. « Mame Fari me les aurait contés aujourd'hui, comme elle contait mes premiers balbutiements... »

Nalla regretta l'absence de Mame Fari et les belles histoires chuchotées la nuit à la lueur de la lampe à pétrole, lorsqu'il était blotti tout contre elle. Il regretta surtout son enfance et entreprit une émouvante quête pour réintégrer le paradis perdu. Après un conte, la grand-mère lui disait : « Dors, mon petit, et réveille-toi demain en paix... Que je rende encore grâce à Dieu de m'avoir donné à voir mon petit-fils issu de la chair de ma fille ! Séga est parti sans rien me laisser, emportant tout de lui... Dieu est grand !.... »

Mame Fari n'avait pas supporté le départ de Nalla, ni les nouvelles manières de sa fille qu'elle accusait intérieurement d'avoir renié ses origines. Un jour, elle lui avait tendu un gris-gris conçu pour conjurer le mauvais sort. Diattou avait catégoriquement refusé sans même avoir la délicatesse de remarquer qu'une main était tendue et qu'elle tremblotait, et que cette main était la main de sa mère. Au bout d'un moment, vaincue par le poids du bras qui s'alourdissait de plus en plus, Mame Fari avait capitulé, très vexée. Et, dans un accès de colère sourde, très rare, il est vrai, chez cette femme d'amour et de bonté, elle avait dit :

– La vie est devant toi, ma fille. Sache seulement qu'un séjour séculaire dans le fleuve ne fera jamais d'un bâton un crocodile...

Et les rapports entre la mère et la fille s'étaient refroidis. Mame Fari était restée dans son village, portant sa solitude dans son cœur à elle toute seule. Diattou ne la visitait que de très rares fois. Malgré la sollicitude des villageois, le chagrin la minait.

« Peut-être avait-elle attendu que l'oubli réparât cette dernière blessure de sa vie... Mais la mort – non, la retraite – avait devancé l'oubli ».

Nalla continua à se rappeler. « Quel calvaire, mon Dieu quel calvaire par la suite ! »

Avec la foi des nouveaux initiés, Diattou avait tenu à faire de son fils un modèle conforme à sa propre conception de l'âge moderne et selon des théories que, malheureusement, elle n'avait pas su assimiler ni adapter.

– Nalla, la fourchette dans la main gauche !…. Coupe la viande avec le couteau, pas avec tes dents… Oh là là, n'y mets pas les doigts, tu vas souiller la nourriture, mon petit chéri.

– Souiller quoi ?

– Mais la nourriture ! Tu vas l'infester de microbes qui provoqueront ensuite des maladies…

Et d'autres fois :

– Noue bien la serviette autour du cou, mon chéri, et ne mets plus les coudes sur la table. C'est incorrect.

D'autres fois encore :

– N'avale pas d'un trait ! Par petites gorgées… Voilà, par petites gorgées.

Un jour, parce que c'était la canicule et que par étourderie Nalla avait omis de faire son tour habituel dans la cuisine :

– J'ai trop soif, maman, laisse-moi vider le verre !

– Quand même, chéri, par petites gorgées. C'est maintenant que tu dois apprendre les bonnes manières voyons.

Et aussi la plus triste des scènes, qui anime la révolte – contre sa mère – chaque fois que Nalla y pense : le boycott général infligé par les voisins. Éblouis par les jouets de Nalla, les garçons du quartier allaient tous les jours lui rendre visite, oubliant chaque fois que Diattou leur avait demandé la veille de retourner chez eux. « Ils sont sales, sans éducation et débraillés. » Un jour, malheureux de n'avoir pas pu aller jusqu'au bout de sa passion dans une partie de jeu de dames qu'il dominait, le petit Birama était allé fondre en larmes dans les pagnes de sa mère.

– Que t'arrive-t-il donc, avait demandé Kani.

– La mère de Nalla nous a chassés.

Kani avait maîtrisé l'incendie de son cœur. « Ces enfants seront toujours la source de nos maux… Une femme qui m'ignore et que j'ignore, qu'a-t-il à aller chez elle !… »

– Que tu es drôle d'en pleurer ! N'est-elle pas libre de chasser de chez elle ceux qu'elle juge indésirables !

Son sang bouillonna toute la nuit. Le lendemain, elle avait guetté Diattou à l'heure tiède du matin où les enfants vont à l'école et où les femmes nourrissent la palabre sur le chemin du marché. Diattou était apparue, accompagnée de son mari et de Nalla, et se dirigeait vers la Landrover, à quelques mètres de Kani et de Birama.

Kani sortit le martinet dissimulé dans son boubou. « Pour tout ce que cela me coûtera de douleur et de pitié envers ce petit bout d'homme né de mon amour et de mes douleurs, nourri de mes espoirs et de mon silence… »

Elle avait frappé, frappé, frappé. Les cris de Birama avaient immobilisé les passants et vidé les maisons du voisinage. Nalla et ses parents étaient pris dans le cercle. Alors, foudroyant Diattou du regard et la désignant à Birama, Kani avait dit d'une voix sans ton :

« Si je te vois encore dans la maison de cette personne-là, je te tuerai, car, moi, je ne lui donnerai jamais l'occasion de me chasser ! »

Dans la Landrover, lorsque tout le monde eut fini de la regarder et de l'insulter copieusement, et que la foule se fut dispersée, Diattou avait traité les femmes du quartier de sous-développées mentales et d'incultes. Ndiogou, quant à lui, s'était contenté encore de hausser les épaules comme pour dire qu'il fallait savoir « dépasser ces petits problèmes ». Aucun drame. Ils n'avaient même pas vu l'expression de déconfiture qui affectait Nalla et n'avaient pas senti la chaleur de ses tempes.

La consigne fut entendue. Aucun enfant du quartier ne remit plus les pieds chez Diattou. Mais de temps en temps, lorsqu'elle sortait pour regagner la Landrover, un jet de salive était projeté à quelques centimètres. L'ennemi n'était plus seulement Kani dont le rire sarcastique finit à la longue à atteindre la conscience de Diattou, mais aussi toutes les femmes du quartier qui la conspuaient à grands claquements de mains.

Et le drame survint. Peu de temps après, le petit Birama tomba malade. Souvent, de sa fenêtre, Nalla apercevait l'enfant et sa mère revenant du dispensaire. Un jour, il vit une grande foule silencieuse devant « la maison de Birama » et, un peu à l'écart, un groupe d'enfants, aux joues craquelées, bras ballants, regard flou et silhouette défigurée des entités tronquées. Nalla comprit. Diattou n'insista pas lorsque, pour l'appeler à table, elle le trouva la tête enfouie dans son oreiller. Il gardera toujours la dernière vision de Birama livide, décharné et de Kani étreignant son fils comme pour le disputer à la mort, sous les secousses de la charrette qui les transportait. « C'était la veille… »

Et l'ère de prison commença. Après les funérailles de Birama, invectives et pluies de pierres régulières sur ces « toubabs Njallxaar[1] » qui ne sont en réalité que des « dëmm[2] ». Ils ont « mangé Birama, et ils le paieront, va ». Le silence méprisant n'y put rien. La police n'y put rien, ni le rationalisme de Ndiogou qui finit par sentir le boulet de « telles allégations irrationnelles ».

– Diattou, tu as eu tort d'avoir créé cette situation… Nous ne sommes pour rien dans la mort de cet enfant et pourtant…

---

[1] Faux Blancs.
[2] Sorciers mangeurs d'âmes.

– Mais je ne te reconnais plus ! Que voulais-tu ? Me voir faire bande commune avec ces illettrées qui n'ont d'autre préoccupation que de raconter des ragots !

– Non. Pas jusque-là. Un juste milieu qui nous aurait évité cette réputation, ici surtout où on ne nous connaît pas.

Ils durent déménager. Loin de la bagarre et des index braqués, mais d'ores et déjà revêtus de la qualité de sorciers anthropophages qu'ils lègueraient à toute leur descendance.

« Rien de plus qu'un caprice d'enfant… Il n'est pas malade. Inutile donc de le faire voir par un médecin. Il faut simplement trouver le moyen de le détourner de ces frivolités que sont les tam-tams et la lutte. »

Monsieur Niang n'a pas aussitôt réagi aux propos de Ndiogou. Il a longuement tiré sur sa cigarette, le regard planant bien au-dessus de la tête de ses interlocuteurs, et, après avoir pris tout son temps pour souffler la fumée, il a demandé :

— Avez-vous discuté avec lui pour savoir ce qui l'attire vers la lutte ?

Pas de doute que la question de Monsieur Niang, professeur et donc présumé modèle, a surpris Diattou. Elle a regardé l'éducateur d'une manière assez curieuse, puis elle a crié :

— Mais, Monsieur Niang, nous n'avons pas à discuter avec lui ! Vous savez bien en tant qu'enseignant que l'on n'a pas à discuter avec les enfants sur certaines choses ! Qu'a-t-il à se mêler de tam-tam et de lutte ! Qu'a-t-il à faire de ces extravagances ! Qu'il laisse cela aux gens grossiers qui n'ont aucune civilisation !

Là, Ndiogou a tiqué comme s'il avait senti que Diattou était allée un peu trop loin, puis il s'est adressé à nouveau à Monsieur Niang :

— Pour un garçon de son âge, il existe tout de même des distractions plus saines, disons aussi… plus raffinées, moins violentes et qui lui laissent assez de temps pour travailler. Tandis que la lutte…

— Je vais peut-être vous surprendre, dit Monsieur Niang. Mes modestes compétences s'arrêtent aux matières que j'enseigne, mais je crois que votre fils a un certain penchant pour l'esthétique de la forme, de la couleur et des sons, magnifiée par le courage et la force en mouvement. C'est cela qu'il découvre dans la lutte et c'est ce qui l'y attire… Les enfants ont souvent des dispositions que les parents ne cherchent pas à comprendre, surtout si elles heurtent leur perception de la vie… Les enfants aussi ont leur propre sensibilité, qui est différente de celle de leurs parents ! Au lieu de refouler un penchant qui n'a rien d'incompatible avec la morale, il me semble que l'on devrait l'aider à mieux s'exprimer, en lui permettant par exemple de cristalliser sa vision dans une œuvre d'art…

Ndiogou a coupé Monsieur Niang tandis que la moue de Diattou en a dit plus long que tous les discours sur la bêtise humaine.

– Écoutez, Monsieur Niang, je n'ai pas l'intention de faire de mon fils un artiste. Je vous demande de me le reprendre en mains. Faites-le travailler pour qu'il réussisse dans ses études et, je vous en supplie, éloignez ces idées saugrenues qu'il a en tête. Je m'excuse de vous le dire : toutes les théories sur les penchants et les dispositions n'arriveront pas à me convaincre de l'opportunité de laisser mon fils s'encroûter dans ce monde de lutte.

L'entretien en est resté là, décevant à tous les points de vue pour Monsieur Niang. Il en a tiré la conclusion que les parents de Nalla ont adhéré à une autre forme de pensée qui rejette dans les sphères du barbarisme toutes les manifestations exprimant la vitalité des peuples non encore dépouillés par le tourment infernal de la civilisation moderne. Il a vu en Nalla une victime et il en a éprouvé une grande peine.

« L'aliénation est assurément la plus grande mutilation que puisse subir un homme. » Monsieur Niang s'est encore répété la phrase. L'observation des comportements humains, qui était devenue depuis quelque temps sa distraction favorite, l'avait conforté dans ce sentiment, et, un jour, décidé à écrire ses pensées, il avait noté dans un carnet : « Le désordre qui bouleverse le monde a pour cause l'aliénation collective… Chacun refuse d'être soi-même et se perd dans l'illusion qu'il peut se tailler un manteau selon sa propre fantaisie… Le mal est universel… Personne ne sait plus à quoi s'accrocher. L'idéal n'existe plus, mais la course vers les ténèbres. L'homme perd ses racines et l'homme sans racines est pareil à un arbre sans racines : il se dessèche et meurt. (Un homme qui a perdu son identité est un homme mort…). Le refus de Diattou et de Ndiogou, leur obstination à vouloir détourner Nalla des tam-tams, c'est le rejet d'une partie de leurs racines. Peut-être n'en ont-ils pas conscience… Et ils renieront progressivement d'autres parties de leurs racines sans jamais réussir à les compenser par des racines appartenant à d'autres. Ils se trouveront alors dans la position inconfortable de celui qui trébuche éternellement sur un fil suspendu dans le vide, ne pouvant poser le pied ni à droite, ni à gauche… C'est cela l'aliénation, et c'est ce qui guette ce couple… Déséquilibre physique… Déséquilibre spirituel… Déséquilibre mental… (À développer). »

Ils ont longtemps marché à travers les buissons, gémissant sous le poids de Malaw. L'atmosphère embaumée d'essence mentholée a empli leurs poumons de la fraîcheur des brises matinales. Lorsqu'ils ont atteint le baobab sacré où dorénavant ils se rendent chaque semaine, Malaw s'est humblement agenouillé, a creusé de ses mains un petit trou au pied de l'arbre, et y a versé une gourde de lait en récitant des incantations.

La première fois que Nalla avait assisté à la scène, son cœur bouillonnait de mille questions qu'il n'osait pas poser. Malaw l'avait compris à son regard et lui avait expliqué :

– Je viens de faire une offrande à mes ancêtres afin qu'ils veillent, après Dieu, sur moi et sur toute ma descendance… Cet arbre est un symbole de vie, il plonge et fortifie ses racines dans la terre nourricière qui désormais abrite nos ancêtres. Ceux-ci insufflent à l'arbre une partie de leur force vitale. Nos ancêtres ne sont plus de ce monde, mais c'est ici, au pied de cet arbre dont les racines sont sous la terre, qu'ils délivrent leur message aux vivants.

Nalla n'avait pas très bien compris comment des ancêtres morts pouvaient envoyer des messages, et sur le coup il avait ardemment souhaité communiquer par ce moyen avec Mame Fari et avec André, et il avait commencé à voguer dans l'univers éthéré du merveilleux d'où il voyait. André rayonnant de bonheur sous un voile de flocons laiteux et s'élançant les mains tendues vers lui en chantant :

– Petit, je viens avec les épis de maïs. Ne pars pas, attends-moi. Nous les grillerons ensemble et nous enivrerons de leur odeur de terre fraîchement labourée…

Et la voix de Malaw l'a fait sursauter :

– Maintenant, petit, assieds-toi. Reposons-nous avant de reprendre le chemin.

Nalla a posé sur lui des yeux avides :

– Raconte encore ! La suite de l'histoire de tes ancêtres, tu me l'avais promise pour aujourd'hui.

– Ah ! Ah ! Ah ! Petit. C'est moi qui raconte toujours ! Ce n'est pas juste ! Alors aujourd'hui c'est donnant donnant. Si tu es d'accord, je continue.

– Oui, je suis d'accord, vas-y !

Malaw a promené sur l'enfant un regard plein d'affection et aussi de quelque chose qui ressemble à de la pitié.

« Mes ancêtres… Oui… lorsqu'ils furent envahis, la discorde s'installa dans le village, et aussi la honte. Certains acceptèrent la domination, mais mon arrière-grand-père refusa l'humiliation. Il ne voulut pas se soumettre.

« C'était en fin d'hivernage, à quelques jours des moissons. Le ciel avait été généreux. La savane s'était transformée en une verte prairie qui s'étendait jusqu'à l'infini. Les tiges de mil ployaient déjà sous le poids des épis, et de vastes surfaces de bouquets verdoyants garnis de boutons d'or berçaient l'arachide dans sa coque gémellaire.

Le bétail arborait une robe lustrée sous le soleil de midi.

« Un lundi, au « yoor-yoor[1] », mon arrière-grand-père enfourcha son cheval. Il avait soixante-dix ans et un long corps frêle, mais la crainte n'avait jamais atteint son cœur. Une longue barbe blanche et une grande sérénité dans le visage lui conféraient un air de sainteté. Il était allé sous l'arbre à palabre où devisaient gaîment les hommes. Ceux-ci furent très surpris de le voir à cheval.

– Je m'en vais, dit mon aïeul. Mon oncle a choisi l'exil en des terres étrangères. Vous, vous avez opté pour la soumission. Je n'accepte ni l'un ni l'autre. Je veux vivre libre et mourir dans la terre de mes ancêtres. S'il en est parmi vous qui veulent sauver l'honneur, qu'ils viennent avec moi.

---

1 Vers 10 heures du matin.

Un silence glacial enveloppa l'atmosphère. Les hommes échangèrent des regards flous et leurs yeux se posèrent sur mon aïeul, droit sur son cheval et pointant sur eux le dard rougeoyant de son œil. Le plus grand nombre baissa la tête, les autres se levèrent, secouèrent leurs « maaka[1] » et enfilèrent leurs sandales sans dire un mot à ceux qui étaient restés.

Mon aïeul conduisit l'expédition composée de trente hommes valides et de leur famille, ainsi que de quelques têtes de bétail.

Pendant quarante jours et quarante nuits, ils défièrent le soleil torride et les rugissements terribles des tornades de fin d'hivernage, se frayant difficilement un chemin à travers les épineux et les buissons touffus. À l'issue de la quarantième nuit, la voix sonore et puissante de mon aïeul s'éleva vers les cieux pour célébrer encore, dans la ferveur, la naissance du jour. « Allah akbar[2] », « Allah akbar ! » Après la prière, très solennellement, mon aïeul s'adressa à ses compagnons.

– Nous sommes arrivés à destination. Le songe m'avait indiqué ce carrefour, au milieu duquel se dressent trois baobabs dont les branches entrelacées forment comme un immense champignon. Quatre sentiers convergent vers ce carrefour, dans la direction des quatre points cardinaux. Contemplez le sentier qui va vers l'est, et regardez celui qui lui fait face, et les autres… C'est ici que nous nous installerons. Notre nouveau village, nous l'appellerons Diaminar.

Nalla a senti comme un déclic. Il avait déjà bâti autour de Diaminar tout un univers de mystère où se côtoient hommes, fauves, animaux domestiques, et oiseaux chantant éternellement. Car pour Nalla, le jour ne déclinait jamais à Diaminar où même les arbres dansaient au son des tam-tams qui répandaient perpétuellement leur message cadencé.

---

1 Chapeaux de paille.
2 Dieu est Grand.

– Dans tes « bàkk », tu dis : « Diaminar où l'on ne dit que Lô ».

– C'est parce qu'à Diaminar tous les habitants ont le même nom. Tout le monde se nomme Lô : comme mon ancêtre Nar Lô. Quand le village fut fondé, les jeunes gens célibataires se marièrent entre cousins, et c'est devenu une tradition qu'aucun fils du terroir n'ose transgresser… Cette loi se plia une seule fois… une seule fois… Ah ! Ah ! Petit, tu connais mes « bàkk » ?

– Mais oui, évidemment.

– Dis m'en un.

– Non, Malaw. Continue d'abord. Une autre fois je t'en dirai un.

– Donnant donnant ! Tu commences déjà à oublier…

Se faisant menaçant, Malaw lève les poings dans l'attitude de quelqu'un prêt à boxer. Nalla bondit alors, les deux bras en l'air, et, sous le regard amusé de Malaw, il fléchit le buste, se gonfle la poitrine et, en dansant, entonne :

– Moi Malaw Lô Kor Madjiguène Lô
Dans Diaminar où l'on ne dit que Lô
Le plus fort le plus brave le plus beau
Moi Malaw Lô fils de Ndiaga Lô
Qui de tous les braves fut le héros…

Voilà Malaw. Tu vois bien que je connais tes « bàkk ». Continue donc.

– Les hommes se répartirent alors en deux groupes. Les uns coupèrent des troncs d'arbre et de l'herbe et dressèrent des habitations pendant que les autres creusaient des puits. Ensuite ils encerclèrent le village en plantant tout autour sept rangées serrées de « darkassous »… Si tu entends parler de la « jeune fille inviolable aux sept ceintures », c'est encore de Diaminar qu'il s'agit.

Malaw s'est tu. Il a remué sa masse pour fouiller dans la poche latérale droite de son boubou. Il en a sorti un papier kaki froissé et huileux dans lequel sont enveloppés des beignets de mil et une noix de kola blanche. Il s'est lancé la noix dans la bouche et a donné les beignets à Nalla.

Au-dessus d'eux, les pains verts de baobab se balancent au vent, sous le bleu dégradé du ciel. La rosée peu à peu se dissipe et les joyaux de cristaux qui tout à l'heure ornaient les feuilles pleuvent dans l'herbe grasse. Celle-ci se pare à son tour de boucles perlées. Des « ramatous », oiseaux dits du Paradis à la gorge chatoyante de reflets phosphorescents, gazouillent joyeusement en menant une ronde orchestrée par le roucoulement des pigeons sauvages et par le chuchotement cadencé des palmiers qui s'entrelacent. Non loin de là, presque à leurs pieds, un ruisseau murmure sa complainte.

– Je suis plus savant que toi, dit Malaw en mâchant sa cola.

– Oui ?

– Je dis : je suis plus savant que toi. Car je sais ce que chante ce ruisseau et toi, tu ne le sais pas.

– Qu'est-ce qu'il chante ?

– Il y a longtemps, très longtemps. Deux orphelins, frère et sœur, vivaient dans la forêt et se nourrissaient du gibier que le frère allait chasser. Un jour, la jeune fille attendit son frère jusqu'à l'aube, mais celui-ci ne rentra pas. Elle entreprit d'aller à sa recherche. Elle parcourut la forêt en chantant :

Solitude ô Solitude
J'ai perdu le sourire de ma mère
Solitude ô Solitude
J'ai perdu la tendresse de mon père
Solitude ô Solitude
Siga Ndiaye verra-t-elle son frère ?

Lorsqu'elle fut arrivée à l'endroit où se trouve ce ruisseau, une voix lui répondit :

Solitude ô Solitude
Pour l'enfant qui n'avait plus de mère
Solitude ô Solitude
Pour l'enfant qui n'avait plus de père
Solitude ô Solitude
Car Siga Ndiaye n'a plus de frère.

Elle pleura pendant des jours et des jours. Ses larmes étaient si abondantes qu'elles se transformèrent en ruisseau. Siga Ndiaye plongea alors dans le ruisseau et on ne la revit plus jamais. C'est sa complainte que chante le ruisseau. Cet endroit où nous nous trouvons s'appelle « le Jardin de Siga Ndiaye ».

Nalla est profondément attendri :

– Tu en connais des histoires ! Beaucoup d'histoires merveilleuses. Qui te les a apprises ?

– Eh bien, c'est mon père qui me les a racontées. Je le suivais partout comme son ombre ; il le voulait. Les enfants d'aujourd'hui apprennent la vie à l'école. Moi, mon père était mon école... Mon grand-père aussi, et mon oncle. En somme, j'avais plusieurs « écoles ».

– Ton père, il paraît que c'était un vrai lion. C'est André qui me l'avait dit.

– Ah ! André te l'avait dit... Oui, oui, je t'en dirai plus la prochaine fois. Mais encore une fois, rappelle-toi le pacte : donnant donnant. Dis-moi ce que t'a appris ton père.

– Attends... Qu'est-ce qu'il m'a encore raconté ?.... Oui... Blanche Neige... Merlin l'enchanteur... Petit Poucet... et bien d'autres contes dont j'ai oublié le nom maintenant... Il ne me les a même pas racontés ; il m'a apporté d'Europe des livres qui les racontaient. De beaux livres illustrés !

– Tu ne connais que les contes des toubabs, alors.

– Je connais aussi ceux que me racontait Mame Fari. Certains de ces contes ressemblent aux contes des toubabs, car lorsque j'ai lu « Petit Poucet », je me suis rappelé un conte de Mame Fari qui s'appelle « Banji Koto », où il est question d'un petit garçon qui déjoue les ruses d'une sorcière et qui sauve ainsi ses neuf frères. J'avais traduit à Mame Fari l'histoire de « Petit Poucet ». Elle était très étonnée de la ressemblance des deux contes et elle avait dit :

« Le monde est vaste, mais les idées peuvent sans doute converger… C'est étrange… Lorsque tu seras un homme, tu voyageras beaucoup comme tes parents, tu iras dans d'autres contrées que moi je ne verrai jamais, et tu découvriras certainement d'autres ressemblances… »

Nalla n'a pas semblé avoir compris les propos de Malaw. Celui-ci s'est empressé de lui dire :

– Tu sauras tout cela plus tard, petit… Je t'expliquerai plus tard… Tu n'as pas encore voyagé comme l'avait dit Mame Fari. Cela viendra. Mais tu es un homme maintenant. Raconte-moi comment cela s'est passé pour toi, la case de l'homme.

Le regard de Nalla s'est tout à coup éteint. Il a hésité, puis, d'une voix brisée qui peu à peu s'est raffermie sous le charme du souvenir, il a dit :

– Pour moi, il n'y a pas eu de case de l'homme. Je voulais bien, mais cela ne s'est pas passé pour moi comme pour les autres garçons… J'avais toujours espéré que moi aussi je danserais mon courage chaque nuit, durant des semaines et des semaines, pendant que la terre tremblerait sous l'ivresse délirante des tambours de « kasag[1] » et que crépiterait de mille étincelles l'immense feu de bois dressé sur la place publique… Mame Fari me disait :

---

1 Fête des circoncis.

« Lorsque tu seras « Njulli Njaay[1] », je retrouverai la vigueur de mes jambes. Je danserai le « yaaba » et j'entrerai dans la ronde des jeunes vierges qui de leurs voix de miel enchantent les nuits de « kasag ». La dernière fois qu'elle avait dansé le « yaaba », c'était quand mon oncle Séga était entré dans la case de l'homme.

Elle m'a raconté pour mon oncle Séga : tous les jeunes gens de la région avaient été réunis. On les avait rasés et ils avaient pris un bain rituel. En une longue procession ils avaient été conduits dans la forêt par le guérisseur, par les sages et par des jeunes gens vigoureux qui avaient déjà passé l'épreuve et qui étaient chargés de les encadrer. Mame Fari avait séché des larmes d'angoisse comme toutes les autres mamans. De longues semaines s'étaient écoulées et un matin, le roulement vertigineux des tambours royaux avait fait frémir les cœurs à travers toute la région. Hommes, femmes et enfants déferlèrent vers l'entrée du bois pour accueillir les initiés…

– Ce moment où l'on sort de la retraite sacrée, dit Malaw, les yeux mi-clos, est certainement le point culminant de tous les événements qui jalonnent la vie d'un individu. À cet instant sublime où l'on est fêté et ovationné comme un roi, on réalise que rien ne se passera plus comme avant. On sort de la forêt sacrée – on doit en sortir – en y laissant une partie de soi-même : la plus vile. Durant de longues semaines d'endurance, de souffrances et de pièges, on a appris à dompter l'adversité, à la surmonter et à la vaincre… Mais quel jour odieux pour ceux dont le cœur a fléchi, et quelle douleur pour ceux dont la progéniture a payé le tribut à la forêt…

– Mame Fari a dit que les parents avaient immolé sur la place publique de nombreuses bêtes pour rendre hommage au courage de leurs fils. Eux, ils avaient offert à mon oncle

---

1   Terme affectif désignant les circoncis.

Séga trois bœufs et sept chèvres, et pendant près d'une lune, c'étaient des festivités à n'en plus finir. Mame Fari m'avait raconté cette histoire plusieurs fois, et chaque fois elle ajoutait :

« Toi mon petit néné tout petit, je te garde cette belle chèvre toute blanche qui est là-bas, dans l'enclos... Rien que cette chèvre parce que je suis vieille et pauvre. Lorsque tu sortiras de la case de l'homme, je l'égorgerai en ton honneur... Oh ! je sais bien que ce ne sera rien à côté des bêtes que t'offriront tes parents, mais elle aura l'avantage sur toutes les autres bêtes d'avoir été lavée tous les matins par Mame Fari et d'avoir pris chaque matin sa première ration dans les mains de Mame Fari... »

Et Mame Fari exultait visiblement en disant cela. Son petit visage s'illuminait... Mais pour moi, il n'y eut pas de case de l'homme...

Sentant une grande affliction dans la voix de l'enfant, Malaw a dit :

– T'en fais pas, petit, ta case de l'homme, tu la feras avec moi... Je te ferai vivre la retraite sacrée...

– Je n'ai pas connu la case de l'homme... De temps en temps, papa disait en souriant :

« Nalla, te sens-tu assez courageux pour la circoncision ? » Et j'attendais le moment avec une grande impatience. Je me sentais déjà tout fier dans le boubou large des circoncis, avec capuchon et lanières, et exhibant mon « lingué[1] » la nuit dans la frénésie des « kasag », lorsque des « selbés[2] » intransigeants m'auraient poussé dans la mêlée de ces veillées magiques...

Les jours passaient. L'école, la maison, de temps en temps le cinéma, d'autres fois le jardin de papa. Toujours seul avec papa et maman. Puis un jour de vacances, papa me dit :

---

[1] Bâton des circoncis.
[2] Jeunes déjà circoncis qui entourent les nouveaux circoncis.

« Nalla, c'est demain l'épreuve. Te sens-tu assez fort pour y aller ? »

Je me retrouvais le lendemain dans une salle d'hôpital, froide à vous donner la chair de poule. Un monsieur à blouse blanche me fit une piqûre pour m'empêcher de ressentir la douleur... Je n'eus pas le boubou des circoncis, mais une longue tunique grise. « Njulli Njaay » sans « selbé » et sans « lingué », j'étais tout seul entre papa et maman qui me faisait les pansements, alors que Mame Fari avait dit : « Jamais, au grand jamais les femmes ne devront toucher à cela. »

Un jour, voyant que maman ne se décidait pas à avertir Mame Fari, je lui dis :

– Envoie quelqu'un chez Mame Fari. Elle avait gardé une belle chèvre blanche pour ma circoncision.

Elle éclata de rire :

– Penses-tu, Nalla. Elle débarquerait ici avec tout le village. Où les logerions-nous ? Elle se croit dans un monde révolu, mon petit. Attends d'être guéri, on l'avertira alors. La circoncision n'est qu'un simple acte médical. Pourquoi en faire une cérémonie ? Fête-t-on l'incision d'un panaris ?

– Ndeysaan, a dit Malaw en sourdine. « Cosaan[1] » se meurt...

Il a fait semblant de n'avoir pas vu les yeux mouillés de Nalla.

Silence émouvant pendant quelques bonnes minutes.

– J'aurais tellement aimé redevenir tout petit comme au temps où je vivais chez Mame Fari ! Je me cacherais dans la forêt lorsque mes parents viendraient me chercher. J'y chasserais les cailles et je cueillerais les cerises sauvages. La nuit, pour éloigner l'hyène et la panthère, j'allumerais un grand feu de bois avant de m'endormir dans ma cabane, sur un matelas de palétuviers. J'y vivrais longtemps. Et je comprendrais le

---

1 La tradition.

langage des bêtes. Lorsque mes parents perdraient tout espoir de me retrouver, je retournerais chez Mame Fari et lui dirais : « Je resterai avec toi toute la vie ». Elle danserait encore le « yaaba », elle tournerait trois fois sur ses pieds, le pouce posé au sommet du foulard, et sa camisole se déploierait comme un parasol.

Et un jour, je lui apprendrais que mon meilleur ami est le plus grand champion de lutte. Je porterais sur la tête la grosse bonbonne de gingembre parfumé qu'elle t'offrirait et je la conduirais jusqu'à toi. Je te la présenterais ainsi :

Voici Malaw Lô fils de Ndiaga Lô
Le plus brave le plus fort le plus beau
Dans Diaminar où l'on ne dit que Lô…

PARCOURS 2

CHAPITRE 6

COMPRENDRE

1. Expliquez les mots et expressions : *hivernage* (p. 65) ; *badauds* (p. 65) ; *brouhaha* (p. 65) ; *abstinence* (p. 66) ; *pioches viriles* (p. 66) ; *fébrile* (p. 69) ; *braquée* (p. 69) ; *le feu follet étourdissant des torches* (p. 70) ; *mastodonte* (p. 66).

2. Répondez aux questions suivantes :

- Deux verbes de perception, « voir » (p. 66) et « entendre » (p. 67), sont placés entre guillemets. Pourquoi ?

- « Son regard sans éclat » (p. 65) : montrez comment le contexte explique le sens de l'expression.

- « Abstinence » (p. 66) : une terre peut-elle être « abstinente » ? Comment s'appelle cette figure de style ? Expliquez ce choix de l'auteur.

ANALYSER

Le temps

- Relevez les indices syntaxiques qui vous permettent de savoir quand se déroule ce chapitre ainsi que sa durée.

- Ce chapitre a-t-il une chronologie linéaire ? Citez les événements dans l'ordre en précisant s'il s'agit d'événements imaginaires, réels ou rapportés.

La progression du chapitre

- Le chapitre s'organise autour de moments successifs chargés d'émotions fortes. Repérez dans le texte ces différents moments et donnez-leur un titre.

- Qualifiez l'atmosphère de chacune de ces parties. Indiquez les champs lexicaux utilisés à l'appui de votre réponse.

- Quels mots ou expressions montrent le passage d'un moment à l'autre ?

ÉTUDIER LES PERSONNAGES

Nalla

Montrez que lors du départ d'André comme lorsqu'il apprend sa mort, l'émotion de Nalla se reflète dans la narration. Quels procédés stylistiques sont mis en place ?

André

- Montrez que l'émotion d'André au moment de quitter Nalla est aussi forte que celle du garçon.
- Quelles valeurs incarne André dans le récit de sa mort fait par Malaw ? Justifiez par des relevés précis.

Malaw

- Montrez que Malaw est parfois décrit comme un personnage surnaturel.
- Quels sont ses points communs et ses différences avec André ?

SYNTHÈSE

- Montrez que le monde qu'André a fait découvrir à Nalla n'est pas que paradisiaque. Quelles sont ses exigences ?
- Pourquoi Nalla ne doit-il pas laisser s'exprimer sa détresse ?
- Pourquoi les piroguiers ont-ils préféré affronter les brigands ?
- Montrez que par ce récit le narrateur du roman veut rendre compte de l'âme d'un peuple.
- Malaw est le narrateur de la mort d'André. Pourquoi l'auteur fait-il ce choix ?
- Montrez que l'étude des champs lexicaux du combat ou des travaux agraires, permet de comprendre les caractéristiques des habitants du Saalum.

POUR ALLER PLUS LOIN

- Par l'étude du vocabulaire qui caractérisent les personnages principaux (André, Nalla, Malaw), qualifiez les registres successifs de ce chapitre (tragique ? réaliste ? pathétique ? poétique ? merveilleux ?). Justifiez vos choix.

ÉCRIRE

1. Nalla évoque, poétiquement, les travaux des champs. Vous est-il arrivé de participer à des travaux agraires ? À quelle occasion ? Racontez.
2. Auriez-vous réagi à l'attaque des brigands de la même façon que les piroguiers ? Que pensez-vous de leur réaction ? Argumentez.

RECHERCHER

La poésie pastorale est un genre littéraire qui remonte à l'Antiquité. Il consiste à chanter la vie simple des bergers et des paysans ainsi qu'à célébrer la nature et la Terre nourricière.

Cherchez le nom des poètes les plus représentatifs de ce genre. Comment s'appellent leurs œuvres les plus célèbres ? Rédigez une brève fiche de présentation sur l'un d'entre eux.

PARCOURS 2

CHAPITRE 7

COMPRENDRE

Expliquez les mots et expressions : *déambule* (p. 72) ; *suffoquer* (p. 72) ; *à satiété* (p. 68) ; *remuer ses méninges* (p. 72) ; *un cataplasme* (p. 73) ; *aux encoignures de sa bouche* (p. 73) ; *un bain de jouvence* (p. 73) ; *énième fois* (p. 74) ; *artifice* (p. 74) ; *conventions serviles* (p. 74) ; *séculaire* (p. 75) ; *sollicitude* (p. 76).

ANALYSER

Le cadre spatio-temporel
Montrez que le chapitre s'organise en alternant les lieux et les époques.

L'intrigue
- Les analepses du chapitre enrichissent l'intrigue de faits qui étaient jusqu'alors inconnus du lecteur. Répertoriez ces faits et replacez-les dans leur chronologie.
- Montrez à l'aide d'exemples précis comment se perpétue le conflit des générations.

L'atmosphère
Le chapitre rend compte d'événements forts et l'auteur décrit des sentiments très contrastés (chagrin, nostalgie, colère…). Montrez comment les champs lexicaux convoqués rendent compte de cette variété.

ÉTUDIER LES PERSONNAGES

Nalla
- Comment l'auteur traduit-il la détresse de Nalla suite au décès d'André ?
- Quels champs lexicaux sont alors employés ?

- Qu'apprend-on sur l'enfance de Nalla dans ce chapitre ? En quoi cela éclaire-t-il les enjeux du roman ?
- Montrez, par des citations issues de ce chapitre, comment Nalla quitte progressivement l'enfance.

Mame Fari
- Pourquoi Nalla pense-t-il à Mame Fari ?
- Quels points communs a-t-elle avec André (caractère, comportement, croyances, mode de vie, etc.) ? Citez le texte pour appuyer vos réponses.
- Montrez que Mame Fari est pédagogue. Que veut-elle transmettre ?

Diattou
- Pourquoi Diattou a-t-elle confié Nalla à sa mère lorsqu'il était enfant ?
- Quels reproches se sont mutuellement adressés autrefois Mame Fari et Diattou ? Qu'est-ce qui explique leur désaccord ?

SYNTHÈSE

- Montrez que ce chapitre éclaire plusieurs conflits que l'on pressentait jusqu'à présent : tradition et modernité, ville et campagne, mémoire et oubli…
- Les principes éducatifs de Diattou ne sont pas directement évoqués dans ce chapitre, mais on peut les comprendre par contraste avec les regrets de Nalla. Comment les définiriez-vous ?
- Auprès de ses parents comme au Collège des Pères qu'il fréquente, Nalla reçoit une bonne éducation. Cependant, cette éducation présente des carences dont il souffre. Quelles sont-elles ?
- Formulez autrement les arguments de Mame Fari au sujet de la mémoire et de l'oubli. Que veut-elle dire exactement ?

POUR ALLER PLUS LOIN

Tradition et modernité : ces deux idées vous semblent-elles irrémédiablement incompatibles ? Faut-il nécessairement faire un choix ? Qu'en pensez-vous ? Organisez et illustrez vos arguments.

Irritée par l'indifférence de Diattou, Mame Fari lui avait dit « dans un accès de colère sourde » : « un séjour séculaire dans le fleuve ne fera jamais d'un bâton un crocodile… » Comment interprétez-vous ce proverbe ? Imaginez une autre situation dans laquelle il aurait pu être prononcé.

RECHERCHER

Nature et culture sont deux concepts généralement présentés comme antagonistes et leur opposition est un thème littéraire très courant. *Robinson Crusoé* de Daniel Defoe, *Le Livre de la jungle* de Rudyard Kipling ou *Vendredi ou la vie sauvage* de Michel Tournier en sont trois exemples célèbres. Renseignez-vous sur ces œuvres et rédigez de brefs résumés. Cherchez d'autres textes traitant de ce sujet en essayant de trouver des points de vue différents.

PARCOURS 2

CHAPITRE 8

COMPRENDRE

1. **Expliquez les mots et expressions :** *conception* (p. 77) ; *théories* (p. 77) ; *infester* (p. 77) ; *boycott* (p. 77) ; *l'incendie de son cœur* (p. 78) ; *sous-développées mentales* (p. 78) ; *incultes* (p. 78) ; *déconfiture* (p. 78) ; *rire sarcastique* (p. 79) ; *conspuaient* (p. 79) ; *entités tronquées* (p. 79) ; *étreignant* (p. 79) ; *invectives* (p. 79) ; *rationalisme* (p. 79) ; *allégations irrationnelles* (p. 79).

2. **Répondez aux questions suivantes :**
- À quelle religion fait explicitement référence l'emploi figuré du mot « calvaire » (p. 77) ?
- En quoi le groupe d'enfants postés devant la maison de Birama constitue-t-il un ensemble « d'entités tronquées » ?

ANALYSER

Le cadre spatio-temporel
- Situez les événements relatés dans ce chapitre par rapport aux grandes étapes de la vie de Nalla telle que nous la connaissons jusqu'à présent.
- Où se situe l'action de ce chapitre ? Relevez les détails sur la description du quartier.

L'intrigue
- On peut distinguer quatre étapes dans ce chapitre. Repérez ces étapes et donnez un titre à chacune d'elles. Quels connecteurs syntaxiques marquent les transitions ?
- Citez les événements qui font les transitions entre chaque partie. Que remarquez-vous ?

ÉTUDIER LES PERSONNAGES

Nalla

- Comment le narrateur rend-il compte de ce que pense ou ressent Nalla ?
- Quels sentiments éprouve-t-il ? Appuyez vos réponses de citations.

Diattou

- Montrez que Diattou est le personnage central de ce chapitre.
- Diattou tient à inculquer ce qu'elle appelle les « bonnes manières » à Nalla. Faites la liste de ce qu'elle entend par cette expression. À quoi les oppose-t-elle ?
- Mais le narrateur ajoute : « selon des théories que, malheureusement, elle n'avait pas su assimiler ni adapter. » Que n'a-t-elle pas bien assimilé ? Que n'a-t-elle pas su adapter ?

Ndiogou

- Ndiogou partage-t-il l'intransigeance de Diattou en matière d'éducation ? Montrez-le.
- Comment qualifiez-vous l'attitude de Ndiogou dans ce chapitre ?
- Comment expliquez-vous que même le rationalisme de Ndiogou s'avère impuissant devant de « telles allégations mensongères » ?

Kani et son fils

- Pourquoi Kani corrige-t-elle son fils en public ? Cette punition vous semble-t-elle justifiée ? Comment l'expliquez-vous ?
- Montrez que tout oppose Kani et Diattou.

SYNTHÈSE

- Montrez que l'incompréhension entre les parents de Nalla et le voisinage est total. Que traduisent les reproches échangés ?
- Quels sentiments ressentent-ils les uns pour les autres ? Montrez la violence de la situation.
- Par quelle image sont désignés les voisins dans le dernier paragraphe du chapitre ? Cherchez les différents sens de ce mot. Comment s'appelle la figure de style utilisée ?

- Pourquoi « l'ère de la prison » (p. 79) est-elle une expression particulièrement forte ? De même, que traduit l'exil final ?

POUR ALLER PLUS LOIN

La figure du « nègre blanc », expression identique à celle de « toubabs Njallxaar », est un motif récurrent dans la littérature africaine coloniale et post-coloniale. Citez des œuvres littéraires mettant en scène de tels personnages et rédigez de brefs résumés.

ÉCRIRE

Rédigez le monologue intérieur de Nalla lorsque sa famille est contrainte de quitter le quartier. Essayez de traduire les différents sentiments qu'il doit ressentir.

RECHERCHER

Les « dëmm » ou sorciers maléfiques mangeurs d'âme appartiennent au folklore ancestral wolof. Faites des recherches sur ces personnages. Quand sont-ils généralement invoqués ? Quels autres personnages existent dans cette culture ? Recherchez des représentations graphiques de ces entités.

PARCOURS 2

CHAPITRE 9

COMPRENDRE

1. **Expliquez les mots et expressions :** *frivolités* (p. 81) ; *extravagances* (p. 81) ; *tiqué* (p. 81) ; *raffinées* (p. 81) ; *esthétique* (p. 81) ; *magnifiée* (p. 81) ; *dispositions* (p. 82) ; *cristalliser* (p. 82) ; *idées saugrenues* (p. 82) ; *opportunité* (p. 82) ; *s'encroûter* (p. 82) ; *adhéré* (p. 82) ; *barbarisme* (p. 82) ; *vitalité* (p. 82) ; *aliénation* (p. 82) ; *se tailler un manteau* (p. 83).

2. Parmi les mots et expressions à expliquer, plusieurs sont polysémiques (ils ont plusieurs sens). Lesquels ?

ANALYSER

- Montrez que ce chapitre marque le retour au présent de la fiction.
- Ce chapitre marque-t-il une pause dans la narration et la progression du récit ? Pourquoi ?

ÉTUDIER LES PERSONNAGES

Monsieur Niang
- Comment l'auteur traduit-il le calme et l'humilité de Monsieur Niang ?
- Quelle interprétation donne-t-il aux propos de Nalla ? Qu'en pensez-vous ?
- Quels sentiments éprouve-t-il à l'égard de Nalla ?
- Montrez qu'il est un *alter ego* du narrateur, voire de l'auteur.

Diattou et Ndiogou
- Ont-ils la même interprétation de l'aveu de Nalla ?
- Comment chacun réagit-il aux propos de Monsieur Niang ?
- Que révèlent ces réactions sur leur caractère respectif ?
- Montrez que Diattou exprime une certaine violence. Comment l'interprétez-vous ?

SYNTHÈSE

- Quel chapitre devrait précéder celui-ci si l'auteur avait adopté une construction chronologique ?
- Que laissait présager ce dernier chapitre sur la réaction des parents de Nalla à propos de son goût pour la lutte ?
- Les parents de Nalla et Monsieur Niang n'ont pas la même conception de l'éducation. Quelles différences observez-vous ? À votre avis, quelles en sont la ou les raisons ?
- Quelle vision du monde et de l'homme traduisent les écrits de Monsieur Niang dans son carnet ?
- Que déplore-t-il dans le comportement de ses contemporains comme les parents de Nalla ?

POUR ALLER PLUS LOIN

Le registre de langue et la structure syntaxique utilisés par un personnage contiennent beaucoup d'informations à son sujet.

La langue utilisée peut indiquer une origine géographique, révéler un milieu socio-culturel, un âge, une psychologie…

Observez la structure du langage (oral et écrit) de Monsieur Niang et déduisez ses traits de caractère. Recoupez vos suppositions avec les indications explicites données par l'auteur.

ÉCRIRE

« Les enfants aussi ont leur propre sensibilité, qui est différente de celle de leurs parents ! Au lieu de refouler un penchant qui n'a rien d'incompatible avec la morale il me semble que l'on devrait l'aider à mieux s'exprimer, en lui permettant par exemple de cristalliser sa vision dans une œuvre d'art… » (p. 82).

Êtes-vous d'accord avec cette affirmation de Monsieur Niang ? Illustrez vos arguments d'exemples que vous vous avez vécus ou dont vous avez été témoin.

Monsieur Niang propose une interprétation du goût de Nalla pour la lutte :
« Je crois que votre fils a un certain penchant pour l'esthétique de la forme,
de la couleur et des sons, magnifiée par le courage et la force en mouvement. »
Faites des recherches iconographiques (et si possibles sonores) pour illustrer chaque aspect de sa supposition.
Les éléments qui composent les rituels de la lutte ne sont pas choisis au
hasard. Renseignez-vous sur la symbolique qu'ils revêtent.

PARCOURS 2

CHAPITRE 10

COMPRENDRE

1. **Expliquez les mots et expressions :** *buissons gémissant* (p. 84) ; *embaumée* (p. 84) ; *essences mentholées* (p. 84) ; *insufflent* (p. 84) ; *univers éthéré* (p. 84) ; *avides* (p. 85) ; *coque gémellaire* (p. 85) ; *arborait une robe lustrée* (p. 85) ; *dard rougeoyant* (p. 86) ; *message cadencé* (p. 86) ; *terroir* (p. 87) ; *joyaux de cristaux* (p. 88) ; *boucles perlées* (p. 88) ; *oiseaux dit du Paradis* (p. 88) ; *phosphorescents* (p. 88) ; *chatoyante* (p. 88) ; *orchestrée* (p. 88) ; *complainte* (p. 88) ; *pacte : donnant donnant* (p. 89) ; *converger* (p. 90) ; *case de l'homme* (p. 90) ; *ivresse délirante des tambours* (p. 90) ; *leurs voix de miel* (p. 91) ; *initiés* (p. 91) ; *retraite sacrée* (p. 91) ; *point culminant* (p. 91) ; *adversité* (p. 91) ; *affliction* (p. 92) ; *veillées magiques* (p. 92) ; *panaris* (p. 93).

2. **Répondez aux questions suivantes :**
- Les mots et expressions relevés ci-dessus donnent un aperçu des champs lexicaux dominants rencontrés dans ce chapitre. Quels sont-ils ?
- Les images, principalement des métaphores, s'y rencontrent en nombre conséquent. Donnez-en trois exemples.

ANALYSER

L'intrigue
- Délimitez les principales parties qui composent ce chapitre et donnez-leur un titre.
- Montrez que c'est la distribution de la parole qui organise ce long chapitre.
- L'évocation de genres littéraires (contes, bàkk, etc.) permet aussi de rythmer le récit. Montrez-le. Quelles conclusions en tirez-vous ?

ÉTUDIER LES PERSONNAGES

Nalla

- Comment se situe Nalla par rapport au débat entre tradition et modernité ? Quelles paroles, pensées ou attitudes le montrent ?
- Montrez le malentendu entre Nalla et ses parents au sujet de la circoncision.

Malaw

- Pourquoi Malaw ressent-il de la pitié pour Nalla ?
- Montrez que Malaw est un bon pédagogue. Citez le texte à l'appui de votre réponse.
- Peut-on dire que Malaw est un père de substitution ? Argumentez et illustrez.
- La vie de Malaw est-elle toujours imprégnée des coutumes et de la pensée traditionnelles ? Quelles paroles, quels gestes le prouvent ?

Diattou

- Quelle perception Diattou a-t-elle de la circoncision ?
- Qualifiez la manière dont elle perçoit la ritualisation de cet événement.

SYNTHÈSE

- Quelles traditions spirituelles sont évoquées dans ce chapitre ? Citez le texte en appui de vos réponses.
- Ces traditions sont-elles présentées comme compatibles ou antagonistes ?
- Comment interprétez-vous l'histoire de l'aïeul de Malaw ? Qu'a-t-il refusé ? Qu'a-t-il fait ? Pourquoi ?
- De même, que signifie l'histoire de Siga Ndiaye ? Peut-on dire qu'il s'agit d'une parabole (un récit qui contient des enseignements) ? Qu'est-ce qui rapproche Nalla de Siga Ndiaye ? Pourquoi ?
- Quelles souffrances, quels manques exprime Nalla ?

Contes, mythes, épopées, fables...

- Définissez précisément ces genres littéraires ancestraux et dîtes leurs points communs et leurs différences.
- Citez plusieurs exemples pour chacun d'entre eux.
- Pourquoi dit-on qu'il s'agit de genres universels ?
- Pourquoi existe-t-il souvent plusieurs versions de ces récits ?
- Relevez dans ce chapitre les récits cités ou inventés et dîtes de quel genre ils relèvent.

ÉCRIRE

Choisissez un conte européen ou asiatique que vous connaissez et transposez-le dans un contexte africain.

Vous pouvez choisir parmi ceux cités par Nalla dans ce chapitre.

RECHERCHER

Le rite de la circoncision

Faites des recherches sur les origines et les significations de la circoncision. Dans quelles cultures ou religions est-elle pratiquée ?

Nalla décrit avec une grande précision les étapes successives qui jalonnent la cérémonie de la circoncision telle qu'elle est pratiquée au Sénégal. Relevez chacune de ces étapes et dîtes leur signification symbolique.

Connaissez-vous d'autres rituels pratiqués lors de cette cérémonie ?

SYNTHÈSE DE PARTIE

1. Ce deuxième parcours de lecture nous permet de mieux cerner les enjeux de chaque personnage : quels sont-ils ?
2. Réorganisez les événements principaux relatés dans cette partie afin de les placer dans leur ordre chronologique.
3. À l'appui d'exemples issus des chapitres de cette partie, dîtes pourquoi on peut parler de roman d'initiation.
4. Recensez les « leçons » que reçoit Nalla au cours de cette partie.
5. Donnez un titre à chaque chapitre et dîtes pour chacun les principaux points de vue exprimés. Vous pouvez réunir vos réponses sous forme de tableau.
6. Montrez comment Aminata Sow Fall parvient à tenir le lecteur en haleine en alternant les temps et les modes de la narration.

La longue silhouette de Monsieur Niang s'est fléchie dans le fauteuil, devant la table, en face de Nalla. Le dos bombé du petit garçon, ses bras croisés sur le cahier ouvert et froissé, son air assoupi et ses yeux alanguis n'ont pas découragé le professeur. Il s'était juré, par pitié et par tendresse, d'arracher Nalla de sa torpeur et de sa solitude. Pendant de longues minutes, il a laissé le silence régner, l'œil fixé sur Nalla, un sourire complice au coin des lèvres et savourant d'avance le plaisir d'avoir ranimé la poitrine d'un enfant.

– On ne travaille pas aujourd'hui, Monsieur Niang ?

– Mais si, mon petit, on va travailler !

Il a saisi sa serviette et en a sorti un magnétophone. Un petit geste magique, et les grands yeux de Nalla se sont ouverts. Tout son visage est épanoui. Délicatement, comme des effusions de musc libérées par un encensoir antique, des notes mélodieuses se sont répandues dans la pièce, l'emplissant d'une douce cadence ponctuée par des voix de nymphes :

Luttez braves gens luttez
Pour vous l'arène est en fête
L'astre du jour vous éclaire
Le ciel rit dans ses atours
de perles d'argent et d'or
Luttez braves gens luttez.

Dans le cœur de Nalla, une joie immense. Deux étoiles scintillent sur ses joues rondes. Des yeux émouvants de tendresse et d'infinie gratitude offrent à Monsieur Niang un visage d'ange. Jamais Nalla n'aurait pu soupçonner autant de bonté dans ce long corps sec, sous ces lunettes à cadre grossier où des yeux mobiles louchent éternellement vers des sphères inconnues. Tac !

– Ça va, mon petit ? Peux-tu me dire ce que tu viens d'entendre ?

– Ah oui, Monsieur ! Ce sont les chants des arènes, lorsque le combat vient de commencer et que les deux lutteurs se testent, de loin, en se donnant des coups de poing furtifs et en évitant surtout de se faire saisir… À ce moment-là, les chanteuses les stimulent. Elles les « piquent » comme on dit… Vous connaissiez ça aussi, Monsieur ?

– Mais oui, mon petit, les chanteuses les « piquent » et leurs griots les « taquinent », comme autrefois ils exaltaient l'ardeur des combattants dans les champs de bataille. Le défi du griot est toujours redoutable… Quand j'étais jeune, j'ai connu deux grands lutteurs. Ils se sont affrontés un jour dans un combat qui est resté gravé dans toutes les mémoires. Médoune avait la même stature que ton ami Malaw, la même force et la même intransigeance. Pathé était un tout petit bout d'homme, très mince, mais intelligent et d'une témérité légendaire. C'était un délice de le voir faire ses pas dans l'arène en clamant de sa voix mielleuse qui avait quelque chose d'envoûtant :

J'ai vécu bien avant l'an passé
Yaaga naa Yaaga naa Yaaga naa[1]
J'ai lutté bien avant l'an passé
Yaaga naa Yaaga naa Yaaga naa
J'ai vaincu bien avant l'an passé
Yaaga naa Yaaga naa Yaaga naa
Pathé Diop œil de lynx main de feu
Je peux ce que personne ne peut
Yaaga naa Yaaga naa Yaaga naa.

Le jour du combat, leurs supporters respectifs étaient comme assis sur des tisons ardents. Médoune commença à

---

1 J'ai duré.

faire pleuvoir des coups sur Pathé, ne lui laissant aucun moyen de riposter. Sa volumineuse masse d'éléphant bloquait toutes les issues. Pathé était assailli de tous bords, aveuglé, étourdi sous un soleil de plomb qui faisait flamber le sable des arènes. Les poings de Médoune sentaient la foudre et sur les visages livides des supporters de Pathé, toute expression de vie avait disparu. On vit alors se lever un homme avec une longue chéchia rouge, avec un manteau en gabardine noire et un gros talisman à la cheville droite. La chaleur ne semblait pas l'incommoder. C'était le griot de Pathé. Il s'appelait Birima. Il s'approcha de l'aire de jeu, dégaina un poignard, le pointa sur son cœur en criant : « Pathé, si tu tombes, sache que tu auras aussi à enterrer ton griot, et que ta honte, tu la porteras tout seul sur tes deux épaules... »

De sa longue chéchia rouge dévalaient des coulées de sueur qui trempaient tout son visage. Il répéta trois fois son injonction. Pathé perçut sa voix du fond du ciel qui semblait s'affaisser. Il se détacha alors entre deux rafales, tournoya plusieurs fois comme une toupie autour de Médoune qui guettait son approche, et au moment où celui-ci s'y attendait le moins, il fonça comme une flèche dans les jambes du géant et le fit s'écrouler. Il leva alors les deux bras en l'air, dans l'arène qui était devenu un volcan en ébullition et, s'adressant à Birima, il entonna : « L'humiliation de la chute est plus dégradante que la douleur d'encaisser des coups... J'ai vécu bien avant l'an passé, Yaaga naa, Yaaga naa, Yaaga naa... »

Nalla est fasciné. Visiblement surexcité, il demande :

– Où sont-ils maintenant, ces deux lutteurs ?

– Ils vivent toujours, mais ils sont vieux. Ils ont tous les deux des fils dont le sang n'a pas menti. Un jour, s'ils passent ici, je t'emmènerai les voir.

Nalla a sauté de joie.

– Seulement, mon petit, je voudrais bien que tu m'écoutes... Des récits et des chants de lutte comme ceux que je viens de te faire entendre, j'en possède des centaines dont tu pourras te délecter autant que tu voudras. Mais cela ne signifie pas que tu devras abandonner ton travail, n'est-ce pas, mon petit… Au contraire, tu auras tout intérêt à t'en servir pour améliorer tes connaissances, n'est-ce pas ? Ainsi je vais repasser la bande. Tu l'écouteras trois fois pour ton plaisir personnel. Ensuite, tu relèveras dans ton cahier tous les verbes qui s'y trouvent et tu me les analyseras. D'accord ?

– D'accord, Monsieur, s'écrie Nalla avec un grand empressement.

Le magnétophone est mis en marche. Mais dehors, Diattou les épiait. Depuis leur dernière entrevue, elle avait trouvé Monsieur Niang suspect. À plusieurs reprises elle est passée derrière la porte du bureau, se creusant la tête pour trouver un prétexte valable qui lui permettrait d'entrer sans paraître ridicule. Une première fois, elle a cru avoir entendu des échos sonores et des voix sans pouvoir distinguer les propos échangés entre le professeur et Nalla. Puis cela s'est arrêté. Maintenant elle n'a plus aucun doute. C'est bien de tam-tam qu'il s'agit, et cela provient du bureau !…. Mais oui, cela provient du bureau !…. Elle hésite plusieurs instants, et clac, elle ouvre la porte.

– Vous osez enregistrer des sauvageries que vous faites écouter à mon fils ! J'avais bien raison de vous soupçonner ! Votre tête ne m'a jamais rassurée. Débraillé, dégrossi, démodé, va ! Un professeur qui ne porte jamais de cravate ! Regardez un peu vos orteils craquelés par le vent et la poussière, et qui dépassent de vos sandales exténuées !

Le magnétophone a volé en éclats, heurtant le plafond ; les débris se sont éparpillés aux pieds de Nalla qui a essayé en vain de les saisir au vol. L'enfant a alors posé un regard chargé de peine et de déception sur sa mère.

– Vous êtes un être pernicieux ! crache-t-elle encore sur Monsieur Niang. Voilà pourquoi on ne peut plus éduquer ses enfants, car ce sont des gens comme vous qui, au lieu de nous y aider, mettent tout leur zèle à les pervertir. Je porterai plainte contre vous pour incitation d'un enfant mineur à la révolte ! Sortez d'ici ! Allez-vous-en !

Ndiogou, alerté par le bruit, est accouru. L'allure de possédée de Diattou l'a drôlement impressionné. Il a eu pitié de sa femme et a essayé de la calmer.

– Ça va, Diattou, nous arrangerons cela.

Monsieur Niang n'a pas répondu aux invectives de Diattou. Il a patiemment rangé les éclats du magnétophone dans sa serviette, puis il a caressé la tête de Nalla.

– Au revoir, mon petit.

– Quel au revoir ! Je vous dis de ne plus mettre vos pieds crasseux ici ! Donc adieu ! Adieu, à jamais !

Alors, pour la première fois, Nalla a bravé sa mère. Le corps raide et les yeux en ébullition, il a hurlé dans un accès de fureur :

« Si, maman, je le reverrai ! Tu ne pourras pas m'empêcher de voir Monsieur Niang. Tu es méchante avec moi, comme tu l'as été avec Mame Fari. Je ne veux plus vivre avec toi ! Je veux aller rejoindre Mame Fari ! »

Une cascade de sanglots a ensuite étouffé sa voix. Il a fallu l'intervention d'un médecin pour le calmer. Le soir, Monsieur Niang a ouvert son carnet et une plume nerveuse y a craché : « Le cordon ombilical coupé avec la mère, mais renoué avec la grand-mère. Un des signes de notre temps. Signe encourageant, d'ailleurs meilleur que le vide. Peut-être même le salut... La grand-mère, c'est encore la terre... Le lien avec la terre... »

Après le départ de Monsieur Niang, Diattou a abondamment arrosé de larmes ses espoirs menacés. Elle a ressenti la détresse d'une mère qui assiste, impuissante, à l'anéantissement de son fils. Tous les rêves qu'elle avait bâtis autour de ce fils unique si aimé, si précieux, vont-ils se disloquer ! Elle avait parié qu'elle se coulerait dans un nouveau moule conforme à l'idée qu'elle se faisait du modernisme. Travail de longue haleine qu'elle commença en se détachant de l'arbre aux multiples ramifications que constitue le village. Tantes, oncles, cousins, neveux, grands-oncles, trêve de parenté tentaculaire ! « Peut-on s'encombrer, à l'âge où nous vivons, de tant de sollicitations ! »

Perdu, le souvenir des attentions soutenues de la communauté unie pour s'acquitter du même devoir : préparer plus tard une place bienheureuse à l'enfant de tout le monde, au sein de la grande famille. Le dernier centime dénoué du coin d'un pagne rapiécé pour le bonheur de « notre » Diattou sur le chemin de l'école : à quoi bon se le rappeler ? Les arachides grillées et les mangues veloutées pour le goûter de « notre » Diattou : chassé de la mémoire ; les boucles pimpantes et les bracelets achetés à la grande ville pour « notre » Diattou après la vente des récoltes : cela ne compte plus. « Peut-on se comporter, à l'âge où nous vivons, comme au Moyen Âge ? »

Et Diattou, attisée par les vents d'Ouest, est tombée de l'arbre, bénissant les cieux de lui avoir permis de monter dans la capitale pour y continuer ses études. Elle y rencontra Ndiogou Bari, l'étudiant distingué qui l'épousa plus tard et l'emmena en Occident. Le Paradis pour Diattou. La grande solution : l'individualisme. Chacun pour soi, Dieu pour tous. Et la liberté. Oui, la liberté. La liberté d'oser, d'entreprendre et de décider sans avoir à les consulter.

Diattou mit le plus grand soin à se métamorphoser. Elle se soumit à la torture d'apprivoiser ses cordes vocales et de les polir. Elle apprit à régler sa démarche et ses gestes sur la vitesse de l'Occident. Elle devint Toutou pour ses copines de l'École de Puériculture, et la mère Fari reçut la consigne en secouant la tête : « Sur les lettres que tu m'adresses, tu mettras Madame Toutou Bari ; quand certains noms sont difficiles à prononcer, les facteurs d'ici jettent le courrier… »

Madame Toutou Bari rentra d'Occident et fit le vide autour d'elle, sauf pour les habitués des salons huppés où son mari avait pu l'introduire grâce à ses relations familiales et professionnelles. Ndiogou demanda son affectation à Louga. Elle fut nommée maîtresse sage-femme à la Maternité Principale. Au début, personne ne contesta sa compétence et elle forçait l'admiration de ses collaboratrices par l'amour qu'elle mettait dans son art. Mais aussi elle provoquait des sourires éloquents lorsqu'elle avait ôté sa blouse et que se ballottaient ses grosses fesses rebelles à toutes les crèmes amincissantes, sous une jupe très courte qui mettait à nu ses mollets bourrés de cellulite. Sa petite taille n'était pas pour arranger les choses.

« Ridicule, Madame Bari ! Complètement déboussolée ! Mais pourquoi ne porte-t-elle pas un pagne pour cacher ses disgrâces ! » Chuchotements, rires, regards complices… Diattou n'en eut jamais conscience, car elle ne faisait jamais attention aux jeunes femmes qui l'assistaient dans son travail et qui étaient pour elle des sortes de robots réagissant aux mots « bassin ! » ; « ciseaux » ; « ça va » ; « un beau garçon ! » ; « une mignonne petite fille ! ». Mais un jour, elle plaqua un regard de détresse sur ces silhouettes anonymes lorsqu'elle eut cueilli un mort-né et que la bave fumante de l'accouchée l'eut éclaboussée en plein visage :

– Sale « dëmm » ! C'était bien vrai. Tu as mangé mon enfant comme tu as dévoré l'enfant de Kani Sadio.

Les femmes avaient échangé des regards stupéfaits et avaient baissé la tête. L'atmosphère devint plus morose par la suite. Diattou décela la crainte dans les visages fermés et dans les lèvres qui, à son approche, frissonnaient sous l'effet des formules incantatoires destinées à neutraliser les mangeurs d'âme.

– Raconte, Malaw, raconte.

– … Des lions osèrent violer la jeune fille aux sept ceintures… La connais-tu, cette jeune fille ?

– Bien sûr, c'est de Diaminar que tu parles.

– Le cheval qui avait conduit grand-père à Diaminar s'appelait Yandi. Grand-père le chérissait et lui trouvait toutes les qualités humaines. Ils vivaient dans la même chambre. Chaque matin, lorsqu'il avait fait ses prières et soufflé quelques versets de protection sur la tête de Yandi, grand-père lustrait les anneaux de cuivre qui ornaient les pattes du cheval. Ensuite il l'enfourchait pour lui faire faire sa promenade matinale. Sous les caresses de grand-père, Yandi franchissait alors la petite haie de lantaniers qui entourait notre concession. Avec sa robe blanche moirée, avec son collier de gris-gris rouges et son grelot, Yandi se répandait dans la nature, beau comme le flux crêpé d'une vague de pleine lune…   .

Une nuit, des lions pénétrèrent dans Diaminar et abattirent un bœuf. La nuit suivante, les hommes décidèrent de les piéger. Ils montèrent la garde dans les branches touffues des « darkassous ». Grand-père, avec ses soixante et un ans, avait insisté pour faire partie du piège et personne n'avait eu l'audace de l'en dissuader. Il avait pris soin d'endormir Yandi, mais celui-ci s'était réveillé et avait suivi ses pas. Il était allé attendre l'ami au pied des « darkassous ».

Au milieu de la nuit, les hommes aperçurent des formes qui bougeaient dans l'obscurité. Des feuilles crissaient sous des pas pesants. Les arcs se détendirent. Un râle foudroyant secoua l'atmosphère et, peu de temps après, un hennissement strident et lugubre. Grand-père serra sa main gauche sur la poitrine, comme si on lui arrachait une partie de son cœur. Il pouvait reconnaître la « voix » de Yandi parmi mille autres voix, parce que Yandi était son ami. Les dents serrées, il avait sifflé : « Yandi !.... Nous l'avons touché ! »

Les hommes se précipitèrent en bas. Point de lion, et Yandi gisait, agonisant.

Pour distraire grand-père de son chagrin et pour le venger des lions qui avaient été la cause indirecte de la mort de Yandi, les hommes traquèrent les fauves en marchant sur leurs pas jusque dans leurs repaires. Mon père revint de l'expédition avec la tête et la queue d'une lionne, mais aussi avec une joue déchiquetée. Plus tard il raconta :

« Nos flèches avaient eu raison de trois fauves... Je ne pouvais pas oublier le frisson de mon père sur la branche de « darkassou ». Alors, j'avais voulu mériter son admiration. Péché d'orgueil, certes... Profitant d'un moment de répit, j'avais faussé compagnie aux autres... Ma flèche avait transpercé un lionceau. La lionne déchaînée est venue sur moi comme la foudre, dans un élan barbare et incendiaire. Elle happa ma mâchoire gauche. Je sentais ses crocs comme des aiguilles de feu dans mes entrailles, mais pour mon salut, pour le bonheur de père, pour l'honneur de Diaminar et pour le sourire étoilé des dames de mon pays, je ne lâchais pas ma pointe empoisonnée enfoncée dans son cœur, et je poussais, et je poussais, suppliant mon esprit de ne pas me quitter, le suppliant... Les crocs finirent par se détacher, emportant la moitié de mon visage.

« Mon père connut des moments terribles de souffrance, puis il se releva avec une figure effroyablement mutilée, amputée d'une oreille. Son oreille gauche enfoncée aurait pu lui donner l'air d'un monstre, mais son infirmité ne fut jamais perçue comme une laideur, au contraire ! Elle était comme le drapeau de tout un peuple debout pour exprimer le désir ardent de sauvegarder coûte que coûte la dignité. Mon père était le socle du drapeau... Il était le drapeau même.

De temps en temps, il avait des crises qui se traduisaient par un délire sauvage et des convulsions terribles. Il mugissait comme un torrent déchaîné, puis il se redressait. Ses yeux crachaient le feu, l'écume remplissait sa bouche et ses poils se hérissaient, surtout à la poitrine. Il balayait avec fureur tout ce qui se trouvait sur son passage. Les guérisseurs confirmèrent les dires de grand-père : mon père avait acquis une double dimension ; le sang de la lionne l'avait pénétré et il était devenu un homme-lion. L'appel aux guérisseurs n'était d'ailleurs qu'une simple formalité pour officialiser, en quelque sorte, les nouvelles qualités de mon père.

Le tam-tam envoya le message cadencé : « Ici à Diamimar Lô, un homme-lion est né, et le dixième jour de la prochaine lune, son baptême sera célébré ».

Des hôtes arrivèrent de partout. Et du bétail, et des céréales. Dès l'aube de ce dixième jour, le carrefour aux trois baobabs se peupla d'une foule colorée, subjuguée par le verbe du griot du village, Malamine. Celui-ci conta toutes les péripéties du combat de mon père et de la lionne. Les trophées – la tête et la queue de la lionne – étaient suspendus au milieu de la voûte formée par les branches entremêlées des baobabs. La foule les admira avec une grande émotion.

Défilèrent ensuite, pour le déjeuner, des assiettes garnies d'agneaux fumants et de bœufs rôtis. La pâte onctueuse du mil coula dans des calebasses récurées une semaine auparavant, et l'odeur muscadée du gingembre embauma le village.

Au début de l'après-midi, lorsque tout le monde eut mâchonné sa noix de cola pour ne pas céder à la paresse des repas trop copieux, la foule s'organisa en un grand cercle. Le tam-tam salua et, peu à peu, sema le vertige et se tut. Mon père apparut alors, majestueux et fascinant dans un simple petit bout de chemise blanche qui lui arrivait au nombril. Il avait un pagne noué à la taille en forme de caleçon. Il portait, incrusté sur son visage, l'emblème de Diaminar. La voix de

Malamine partit comme un canon en décharge sur « le digne fils de Nar Lô ».

> *Qui alla jusqu'à la lionne*
> *Et lui dit : « je veux ta tête*
> *Pour plaire à Diaminar Lô… »*

Des mains claquèrent. Certains spectateurs versèrent des larmes de joie. Mon père avança au milieu du cercle. La foule survoltée chanta « l'enfant de Diaminar » :

> *Qui a vengé Yandi*
> *Et ceux de Diaminar…*

Malamine, le griot du village, raconta neuf cents ans de l'histoire des Lô que lui avait apprise son père, qui la tenait de ses pères. Il conclut que l'exploit de mon père était inscrit dans la nature des choses puisque en aucun cas, un fils de Nar Lô ne pouvait semer la honte.

Mon père fut étendu sur la terre par les guérisseurs qui l'escortaient. Les tam-tams retentirent à nouveau en un tourbillon frénétique qui couvrait les formules incantatoires des guérisseurs. Mon père s'endormit. Le tam-tam s'apaisa durant quelques minutes émouvantes de solennité puis, sur un signe du maître-guérisseur, il reprit son allure vertigineuse. On vit mon père bouger, puis se secouer, et enfin se dresser, totalement métamorphosé. Ses yeux avaient la couleur de l'ocre. Des mugissements rauques s'échappaient de sa poitrine. La foule criait le couplet de bravoure légué par le premier chasseur qui eut l'insigne honneur de jouer à cache-cache avec un lion et de gagner. De temps en temps, mon père entraînait dans la danse des gens qu'il tirait de la foule et qu'il terrassait s'ils n'avaient pas pu restituer la cadence pesante du fauve en liesse. Cela dura jusqu'au crépuscule et les guérisseurs l'endormirent à nouveau. Lorsqu'il se réveilla avec ses facultés humaines, il entra dans la légende des surhommes. Sa réputation dépassa nos frontières.

– Il devenait un vrai lion ?

– Mais oui, mon petit. Un vrai lion, avec un corps poilu et des yeux de feu… Ce baptême se répétait lors des grands évènements. C'était le « simb ». Aujourd'hui, ce sont de faux lions qui animent les « simbs ».

– C'est dommage, a soupiré Nalla. Tant de merveilleuses choses que tu me racontes n'existent plus !

– Parce que « Cosaan » se meurt, mon petit… Mon père était appelé partout pour animer des « simbs ». Et un jour, l'Île bleue réclama mon père. L'Île bleue, c'est la terre de la Téranga. C'est Saint-Louis du Sénégal, c'est Ndar Gééj drapé dans son pagne bleu, comme une jeune fille la nuit de ses noces. Mon père partit pour Saint-Louis et en revint avec… une épouse. Sacrilège ! Oser transgresser la loi du pays ! Plus tard, mon père, qui était aussi le drapeau du pays, me fit cette confidence :

« Saint-Louis la Bleue exhale la lumière et la paix. Une pièce d'azur sertie dans l'Océan, enrobée de zéphyr, nourrie de la clameur des flots à l'unisson. Mon contact avec l'Île bleue restera la seule découverte de ma vie. Je n'en veux pas d'autre. J'y découvris que le riz pouvait sortir d'une marmite avec les reflets du diamant. Le "ceebu jën[1]" de Saint-Louis est doux comme un rêve. Et le « dème farci[2] » n'était plus le mulet lorsque les doigts experts d'une Saint-Louisienne l'avaient recomposé en un joyau à déguster.

« Saint-Louis m'accueillit sur le pont Faidherbe et je me grisai de la symphonie de tendresse murmurée par le fleuve qui se balançait… Le « simb » fut organisé avec un grand faste.

---

1 Riz au poisson.
2 Plat typique de Saint-Louis.

Le lendemain, je décidais d'aller contempler la mer avant de prendre congé ; Get Ndar[1] attendait les hommes de la mer. Les vagues étalaient leur écume sur le sable cristallin de la plage. Au loin on apercevait les pirogues qui glissaient en bondissant.

« Un groupe de jeunes filles défiait les vagues en attendant les pêcheurs. La corbeille à poissons sur la tête, elles allaient au-devant des vagues et couraient lorsque celles-ci étaient à quelques centimètres. L'exploit consistait à ne pas être rattrapées par les vagues tout en gardant sur la tête la corbeille en équilibre. Mané Diagne, ta mère, était parmi ces jeunes filles. Elle faillit me heurter dans sa course, et, en m'évitant, fit tomber sa corbeille qui ne toucha pas terre – heureusement, car elle l'attrapa au vol avec une grande prestance. Elle me regarda ensuite, reconnut le lion, éclata de rire, posa sa corbeille sur le sable et entonna d'une voix chaude de clairon :

Ndiaga Lô es-tu un lion,
Tu manges le ceebu jen…

Ses copines se joignirent à elle. Les claquements de mains fusèrent. Ce fut une petite fête sur la plage. Quelques mois après, avec les bénédictions de Père et de tout Diaminar, j'épousais Mané Diagne ta mère pour emporter un peu du bleu de Saint-Louis dans Diaminar, mon pays. Elle était âgée de dix-huit ans. Elle était le fleuve et les cocotiers et l'éclat argenté du pont Faidherbe.

---

[1] Quartier des pêcheurs à Saint-Louis.

Ils sont tous les trois dans la véranda, autour de la table. La chaleur est insupportable. Aucune brise. Ndiogou est extrêmement fatigué. Il rentre d'une tournée avec, dans le cœur, le spectacle de désolation qui est devenu son lot quotidien : une savane aride jonchée de squelettes d'animaux essoufflés par la longue marche vers un point d'eau hypothétique ; des souches, rien que des souches calcinées, et les yeux pathétiques des paysans scrutant éternellement le ciel, à l'affût du moindre petit nuage. À quand donc la pluie ! « Docteur, aide-nous, les troupeaux se déciment… »

Ndiogou a secoué la tête et a rencontré les yeux de Nalla qui a aussitôt baissé la tête. Il s'est alors retourné vers Diattou pour rompre le silence qui commence à peser.

– Ça va, à la Maternité ?

– Oui, ça va.

Condamnée à mentir, car rien ne va à la Maternité. À qui dire que l'ombre du petit Birama a obscurci la Maternité ! « Sale dëmm, tu ne mangeras pas mon enfant. » De longues journées – longues et lourdes comme des siècles de famine – à guetter une malade ; à attendre le cœur battant, celles qui, par imprudence, ignorance ou témérité étaient venues, avaient osé venir, et qui devaient revenir, pour une deuxième consultation. « Sale dëmm, tu ne te nourriras pas du sang de mon enfant que j'ai porté neuf mois dans mon sein ». Le désert ; le silence dans la Maternité.

Ses auxiliaires ont baissé les bras.

– Madame Bari, puisque les malades ne viennent plus, pouvez-vous nous donner l'autorisation de nous relayer ?

– Mais oui, évidemment. Jusqu'à ce qu'il y ait encore des malades.

L'espoir n'est pas mort. Chaque matin, Diattou inspecte le matériel, nettoie, stérilise et range. Puis elle attend… Mais à qui le dire… Elle ne sait pas ce que les « allégations traditionnelles » ont fait à Ndiogou. Est-il seulement embêté ou l'ont-elles profondément atteint ? Elle ne le lui demandera jamais et ne lui avouera pas non plus le poids, dans son corps, des index braqués et des regards furtifs. Le cauchemar d'être partout désignée et les cris du petit Birama qui hantent ses nuits, elle gardera tout cela pour elle. Murée dans sa solitude et dans le silence pour ne pas communiquer sa souffrance à Ndiogou…

— Eh bien ! Nalla, ton bulletin est encore mauvais. Très mauvais. Peux-tu vraiment me dire ce qui ne va pas ?

Nalla a regardé son père sans lui répondre.

En dévisageant son fils, Ndiogou est saisi par la mine triste de l'enfant. Il a enfoncé son regard plus loin dans le passé, jusqu'à sa rencontre avec Diattou, un soir de réveillon. Au cours de leurs discussions, il avait vu dans cette campagnarde évoluée l'exemple réussi du renouveau que charrierait nécessairement le cours de l'Histoire. « Une intelligence, s'était-il dit, capable de prendre ses distances par rapport au passé ». Ils s'aimèrent d'un amour sans passion, mais vrai, sincère, solide. Ils se marièrent et prirent leurs distances par rapport au passé, mais n'étaient pas guidés par les mêmes motivations. Élevé dans le giron des damels[1] et des tègnes[2], Ndiogou voulait enterrer une aristocratie alors que Diattou s'en cherchait une autre forgée par le progrès et le matérialisme. Le jeu du défi guidait Ndiogou, l'ambition d'un pouvoir nouveau aiguillonnait Diattou.

— Tu ne manges pas ? demande Diattou à son fils.

— Si, j'attends un peu que cela soit moins chaud.

La voix est chantante. Nalla a l'air de somnoler devant son bol de potage.

---

[1] Souverains du Kajoor.
[2] Souverains du Baol.

« Fermé, impénétrable, ce gosse, pense encore Ndiogou. Et s'il faisait exprès de s'adonner à ces distractions, sachant parfaitement qu'il nous ferait mal. »

– Nalla, dis-moi : que trouves-tu d'exaltant dans la lutte ? Où est-ce qu'elle peut te mener et que peux-tu en tirer ? Tu as vu ton bulletin ? Ne te rends-tu pas compte que tu es en train de gâcher ton avenir ?

Diattou guette avidement la réponse de Nalla, mais celui-ci ne réagit pas. Il sait que ses parents ne pourront jamais le comprendre. Ils ne pourront jamais savoir ce qui se passe en lui lorsque résonne le tam-tam et que la voix limpide des griottes célèbre la force, le courage, et l'honneur des dieux des arènes. L'extase des sons, des couleurs et du mouvement, ils ne la sentiront jamais.

Ndiogou ne semble pas être fait pour vibrer de ces émotions. Il avait choisi d'être affecté à Louga non pour s'y abreuver de folklore, mais parce qu'il y existe un centre expérimental des sciences de l'élevage, qui doit lui permettre d'étendre son champ d'activité dans toute la région. Lorsqu'il arriva à Louga, Ndiogou n'y vit que des bêtes. Il n'y entendit pas les voix mélodieuses qui, la nuit, au son des « xalams », bercent les âmes tourmentées. Il n'eut jamais le bonheur d'admirer les jambes de gazelles qui s'élancent, se croisent et flirtent avec le « tama » lors des veillées théâtrales, au temps des vendanges. Il trouva ennuyeux les champs de courses électrisés par le galop majestueux des pur-sang à la grâce céleste. Louga, immense ville de sable, d'arbres et de soleil, n'inspira aucune poésie à Ndiogou. Nalla s'en étonna beaucoup, beaucoup. Un jour, il avait cherché des explications à cela et était arrivé à ces conclusions : « Lui, il aime les bêtes qu'il soigne. Alors pourquoi n'accepte-t-il pas que je trouve mon plaisir dans ce qu'il appelle dédaigneusement "ces histoires de lutte" ? Lorsque le veau qu'il avait baptisé "Sahel" était malade, il en était malheureux à faire pitié. Je crois même qu'il avait pleuré quand le berger est venu lui annoncer que c'était fini pour Sahel… Sahel était peut-être comme un fils pour lui. À chacun ce qu'il aime… »

Les grillons emplissent la véranda de leur grésillonnement. Ndiogou coupe son beefsteak sans conviction.

– Nalla, tu n'es quand même pas un animal. J'essaie de te raisonner et tu dois me comprendre. Si tu n'acceptes pas de travailler, quelle issue te vois-tu ?

Nalla se tait.

« Il doit nous en vouloir, pense Ndiogou. Ce n'est pas possible qu'il soit si fermé… Il nous en veut. Mais pourquoi donc nous en voudrait-il ? »

Renaît alors le souvenir. L'enfant potelé. Les fossettes « éteintes pour nous »… Ndiogou clown de circonstance pour amuser son fils. La séparation et le départ pour l'Occident. Pas un jour sans penser au petit Nalla resté avec sa grand-mère et le retour…

Et Ndiogou se surprend à se souvenir. Il ne s'est jamais souvenu de la première enfance de Nalla ni de sa fierté d'être père. Il s'était embarqué sur le temps, sans jamais tourner la tête derrière, car il avait signé un pacte avec Diattou : « Notre fils, nous ne le pétrirons pas dans le passé. Pas de "ton grand-père faisait ceci ou cela", ou des "à ton âge, j'étais déjà ceci ou cela". Aucune mystification. Nous le modèlerons sur l'avenir, sur la réalité de l'avenir. Il doit avoir les pieds sur terre ».

Nalla n'était pas encore né et le séjour chez Mame Fari n'était pas prévu.

« La coupure, c'est sans aucun doute au retour. Il est vrai que mon travail m'a totalement accaparé… Il doit en souffrir, peut-être aurais-je dû l'encadrer davantage ».

– Nalla, mon petit, réfléchis bien.

Brusquement les lumières se sont éteintes. Ndiogou s'est énervé.

– Encore une panne de secteur ! Je me demande comment ils travaillent, ces gens-là, pour que leur machine craque à tout moment… Des pannes, toujours des pannes, ça ennuie à la fin !

– Pourvu que cela ne dure pas, ajoute Diattou. Les poissons au frigidaire…

Les verres s'entrechoquent. Nalla pense à Monsieur Niang. Un jour qu'il était allé le voir en cachette, le professeur venait de lire un article de presse. Il avait commenté : « Tiens, petit ! Tu vois cela ! le plus grand bouleversement jamais vu dans une ville surdéveloppée. Toute vie bloquée, devine pourquoi !…. À cause d'une panne d'électricité… Au fond, il me semble qu'on est toujours esclave de quelque chose : eux de leur technologie, nous de notre pauvreté. Chez mon père, aucune ampoule ne brille la nuit, mais on s'en moque là-bas, de l'électricité, et même si on n'a pas tout le confort, on vit bien. Alors qui est plus heureux ? La question mérite d'être étudiée… S'il était possible d'avoir une balance… Évidemment, nous souffrons peut-être plus de nos pénuries, qu'eux de leurs surplus… Mais dans l'ensemble qui est plus heureux ? Chez nous, le fond de l'homme n'est pas encore mort… Qui est plus heureux ? »

Le courant ne passera pas ce soir. Le trio terminera son repas dans le noir en tâtonnant, puis se séparera. Nalla ira dans son lit, sentant la main de Malaw sur son épaule. Le jardin de Siga Ndiaye lui apparaîtra dans toute sa splendeur et avant de s'endormir, il enverra une pensée amoureuse à la jeune vierge qui a perdu le sourire de sa mère et la tendresse de son père. Malaw lui avait dit que ses yeux de naïade avaient charmé plus d'un chasseur, mais qu'elle refusa toujours de se marier pour ne pas quitter son frère.

Étourdi par les questions de son père, Nalla a fini par lâcher :

— Je veux être un grand lutteur comme Malaw.

Ses parents sont consternés. Ils sont pitoyables. Ils ont mis du temps à avaler leur stupeur.

— C'est absurde, Nalla. Tu plaisantes…

— Non, papa. Je veux devenir un lutteur. Malaw est bien un lutteur, il m'apprendra…

Alors, ils ont compris que Nalla est en train de leur échapper. Il leur file doucement entre les doigts. Quelle amère constatation ! Un coup de poing sur le visage aurait eu moins d'effet sur Ndiogou et, dans un sursaut d'orgueil et de tendresse, il a décidé de récupérer son fils par tous les moyens.

— Dis-moi ce que tu veux. Je suis prêt à te satisfaire en tout si tu laisses tomber ces histoires de lutte… Nalla, reviens à la raison… Bicyclette ? moto ? Dis tout ce que tu veux.

Et devant l'indifférence de Nalla :

— Même une voiture dès que tu auras tes dix-huit ans.

Nalla a trouvé naïve la proposition de son père. Peut-on vendre une passion ? La voiture vaudra-t-elle le souvenir de Mame Fari et d'André et l'amitié de Malaw ?

Compensera-t-elle l'éviction dont le griot Mapaté avait été victime ?

Le flamboyant en fleurs surgit à nouveau, au milieu de la vaste cour de la maison de Mame Fari. À son ombre, le griot Mapaté, fringant dans son boubou de bazin blanc surmonté d'un manteau de gabardine rouge grenat. La même tenue en toute saison et en toute occasion. Un griot de race. Un jour, après avoir conté à Nalla la fin tragique d'un de ses oncles qui s'était prêté volontairement au sabre de l'ennemi pour marquer sa fidélité à son prince tombé sur le champ de bataille, il avait ajouté d'un air désabusé :

– La flatterie est en train de tuer notre sang. Quand je ne serai plus en mesure d'exercer dignement ma mission, je préfère mourir plutôt que de vendre des flagorneries.

– « Ey », Mapaté, avait lancé Mame Fari, tu taquines !

– Je ne taquine pas, je dis la vérité. Et puis, toi, de quoi te mêles-tu ? Occupe-toi de ta marmite et laisse-moi avec mon homme. Je veux lui enseigner la vie. C'est de l'investissement à long terme que je fais. Mon salaire, il me le paiera le jour de ses épousailles : douze chevaux pur-sang et un « andaar[1] » d'or. C'est peu, je sais. Mon père avait obtenu davantage… Mais le temps a marché… Les gens s'appauvrissent. Je ne demande que cela : douze chevaux et l'or.

« Amiin[2] », « Amiin », avait souhaité Mame Fari de tout son cœur. Que Dieu fasse cela… Ce jour-là, le seul bracelet qui me reste sera à toi. Cinq cents grammes de ngalam pour les noces de mon petit néné… Cet or-là, mon pauvre mari l'avait ramassé grain par grain sur les berges de la Falémé…

– « Amiin », « Amiin ».

Lorsque Nalla eut quitté la maison de sa grand-mère, Mapaté continua à lui rendre visite chez ses parents. Diattou ne supportait visiblement pas la désinvolture de ce visiteur qui se pointait à n'importe quelle heure et qui, de surcroît, était trop bruyant. Il lui arrivait de tourner à fond le bouton de la radio pour couvrir la voix de Mapaté. Celui-ci criait plus fort et disait d'un ton méprisant : « Votre machine-là n'est qu'une création de toubabs, alors que moi, je suis un homme… Jamais deux capitaines sur un même vaisseau. Le moins qualifié doit nécessairement s'incliner. »

De temps en temps, Ndiogou lui offrait mille francs pour lui donner l'illusion qu'il était sensible à ses récits épiques. Ndiogou avait gardé le sens de la mesure qui lui avait été

---

1 Mesure équivalent à environ 2,5 kg.
2 Ainsi soit-il.

inculqué dans son enfance et n'avait pas cherché à s'en défaire.
« À quoi cela me servira-t-il de lui dire que ses récits ne m'intéressent pas ? C'est son Idéal. » Diattou pensait que Mapaté
venait pour les mille francs. Un jour, n'en pouvant vraiment
plus, elle lui dit :

– Pourquoi, vous les griots, n'allez-vous pas chercher du
travail au lieu de vivre aux dépens des autres comme des parasites ? Les arbres généalogiques que vous débitez pour un
billet, c'est démodé !

Le visage de Mapaté se couvrit d'un masque de colère
que Nalla ne lui avait jamais vu auparavant. Il fixa longtemps
Diattou du regard. Il roula en boule le billet de mille francs
qu'il venait de recevoir de Ndiogou. Il le jeta aux pieds de
Diattou et répliqua :

– Je ne viens pas pour cet argent. Mes ancêtres avaient
juré fidélité aux pères de Ndiogou. Le serment avait été scellé
par le sang. Sur les champs de bataille, nous étions aux premiers rangs, nous étions les boucliers. C'est pourquoi je viens.
Mais tu es trop mesquine pour le comprendre. Tu n'es pas
la digne fille de ta mère. Le baobab a engendré une épine !
Adieu.

Ndiogou avait souri et avait haussé les épaules. Il croyait à
une simple saute d'humeur ou à la susceptibilité d'un vieillard
qui ne se voit pas écouté. Aucun drame. Ils ne soupçonnèrent
pas le coup que venait d'encaisser le cœur de Nalla. Celui-ci
n'eut plus aucune nouvelle de Mapaté.

Nalla revoit encore la foulée royale du griot avec ses
babouches jaunes et les deux pans du manteau qui battent
comme des ailes sur le boubou raidi par l'amidon.

Une moto, une voiture, qu'est-ce que c'est pour un être
privé de rêve et enfermé dans la triste réalité d'un costume
étriqué !

– Peux-tu nous faire cela ? reprend Ndiogou. Aller te
vautrer dans le sable des arènes comme un animal. À quoi ça

rime ? À quoi ça rime de se donner des coups et de faire tomber quelqu'un dans le sable ?

Pour Ndiogou, « ces histoires de lutte », ce n'est que cela.

Nalla le regarde comme s'il déplorait que son père sache si peu voir.

– Ce serait nous renier, continue Ndiogou. En tout cas tu nous paierais très mal notre amour pour toi. Tu te rends compte !

Son regard croise celui de sa femme. Elle ne parle pas. Ses silences, depuis quelque temps, commencent à inquiéter Ndiogou.

– Nalla te tracasse, lui avait-il dit. Ne te tourmente pas. C'est de son âge… À cet âge, les enfants se révoltent souvent, mais ça lui passera.

Diattou n'ose pas regarder Nalla. Elle a le sentiment qu'elle est victime d'une malédiction. « Qu'ai-je donc fait pour mériter cela ? Ils sont arrivés à me mettre sur la conscience la mort de Birama. J'agis, je sens et je marche comme une meurtrière… J'assume un crime que je n'ai pas commis. Et maintenant mon fils… »

Elle ne peut pas tenir. C'en est trop. Elle s'est levée avec une impression de flottement dans les jambes. Ndiogou l'a suivie du regard jusqu'à la porte et a tressailli de la peine de sa femme. Est-ce enfin le drame !

– Nalla, ta mère souffre. Tu vois comme elle a maigri. Tu vas la tuer.

Nalla a piqué une crise. Il s'est débattu en sanglots dans les bras de Ndiogou qui s'est senti désarmé, presque anéanti. Ce n'est pas cela qu'il visait. Il voulait seulement faire prendre conscience à l'enfant de leur intérêt pour lui au point de subir des dommages physiques. Il ne cherchait pas cette crise.

– Calme-toi, mon petit. Calme-toi.

« J'ai peut-être été gauche. Ce gosse est sensible… très sensible. »

Il sent au fond de lui-même les secousses de la petite poitrine qui se gonfle et se dégonfle. Le contact physique a rallumé la fibre inextinguible qui ne faisait que sommeiller. Ndiogou redécouvre avec angoisse une réalité banale : ce corps qui se débat dans ses bras est une partie de lui-même, un prolongement de son être. Avant, lorsque Nalla expédiait les tables de multiplication et les règles de grammaire avec la plus grande aisance, il était content parce que c'est sa propre image qu'il admirait dans son fils. Et il avait pensé qu'il en serait toujours ainsi et que tout irait tout seul. Mais la tige s'est pliée, et il ne l'a pas redressée. Il n'a pas eu conscience qu'il fallait la redresser.

Un immense sentiment de culpabilité l'étreint. À ses yeux le visage mouillé de Nalla prend une coloration de martyr. « Victime de l'ère des parents qui n'ont plus le temps. » Il fouille dans sa mémoire et la question obsédante l'envahit : « Quand ai-je pu me détacher ainsi de mon fils… Le retour… Mais au retour je jouais encore avec lui. » Le cache-cache dans l'appartement, les tabourets accrochés au passage et les cendriers cassés :

– Écoutez, se plaignait Diattou, est-ce qu'on court ainsi dans un appartement ? Allez dans la cour !

« Oui, c'était bien après le retour… »

Et le nom de Malaw bourdonne à ses oreilles. Il n'a jamais vu Malaw. Même pas en photo dans le quotidien qu'il lit pourtant. On y avait montré une fois le géant en ballade dans un champ de patates. Nalla en garde religieusement la coupure.

« Confier mon fils à Malaw pour qu'il lui apprenne la lutte ! Quelle absurdité ! »

Ndiogou est en train d'éprouver de la jalousie. Une grande jalousie à l'égard de Malaw qui risque de lui ravir son fils et de prendre dans son cœur la place qui lui revient. Qui ne doit revenir qu'à lui.

PARCOURS 3

CHAPITRE 11

COMPRENDRE

1. **Expliquez les mots et expressions :** *alanguis* (p. 111) ; *effusions de musc* (p. 111) ; *encensoir* (p. 111) ; *notes mélodieuses* (p. 111) ; *voix de nymphes* (p. 111) ; *deux étoiles scintillent sur ses joues rondes* (p. 111) ; *infinie gratitude* (p. 111) ; *sphères inconnues* (p. 111) ; *furtifs* (p. 112) ; *stimulent* (p. 112) ; *stature* (p. 112) ; *témérité* (p. 112) ; *comme assis sur des tisons ardents* (p. 112) ; *le sang n'a pas menti* (p. 113) ; *gabardine* (p. 113) ; *injonction* (p. 113) ; *rafales* (p. 113) ; *ébullition* (p. 113) ; *délecter* (p. 114) ; *dégrossi* (p. 114) ; *sandales exténuées* (p. 110) ; *pernicieux* (p. 114) ; *pervertir* (p. 115) ; *allure de possédée* (p. 115) ; *cascade de sanglots* (p. 115).

2. **Répondez aux questions suivantes :**
- « Un volcan en ébullition » (p. 113) et « des yeux en ébullition » (p. 115) : quelle différence de sens voyez-vous dans l'emploi du mot *ébullition* dans ces deux expressions ?
- « Une plume nerveuse » (p. 115) et « des sandales exténuées » (p. 110) : quelle figure de style est utilisée dans ces deux exemples ?
- Quel passage du chapitre montre que la lutte a son langage propre et que cela en renforce l'attrait et le mystère ?
- Quel sens donnez vous à l'analogie entre les effusions de musc et les notes issues du magnétophone ?

ANALYSER

- Délimitez et titrez les parties du chapitre.
- Les événements décrits dans le chapitre sont-ils linéaires ? Est-ce un procédé courant dans le roman ?
- Quel sens donnez-vous à l'anecdote racontée par Monsieur Niang ? S'agit-il simplement de montrer qu'il aime aussi la lutte ou y a-t-il un sens métaphorique ? Relevez la phrase qui sonne comme la morale de son récit.
- L'intrigue vous semble-t-elle avoir progressé ?

ÉTUDIER LES PERSONNAGES

Nalla

- Que traduit le portrait de Nalla ouvrant le chapitre ? Qui en est l'auteur véritable ? Justifiez.
- Analysez la montée de l'émotion de Nalla au début du chapitre. Quelles images sont utilisées pour l'exprimer ?
- Citez les sentiments successifs ressentis par Nalla au cours de ce chapitre. Comment l'auteur les traduit-il ?
- « Pour la première fois Nalla a bravé sa mère. » (p. 115). De quelle manière ? Cela a-t-il été facile pour lui ? Qu'est-ce qui le montre ?

Monsieur Niang

- Quelle image Nalla se fait-il de Monsieur Niang avant que celui-ci le surprenne ? Citez le texte.
- Quels mots et expressions décrivent la perplexité du professeur face au peu d'intérêt que manifeste Nalla ?
- Quel stratagème pédagogique adopte alors le professeur ? Ce stratagème est-il efficace ? Quels mots et expressions le prouvent ?
- Monsieur Niang vous semble-t-il un bon conteur ? Pourquoi ?

Diattou

- Montrez que Diattou vient troubler la leçon et rompre le charme. Étayez votre réponse par des relevés précis et par l'analyse du style de l'auteur (rythme des phrases, onomatopées…).
- Les arguments de Diattou à l'encontre de Monsieur Niang vous semblent-ils rationnels ? Montrez-le.

Ndiogou

La réaction de Diattou est violente. Comment Ndiogou répond-il à cette violence ?

SYNTHÈSE

- Étudiez les gestes et les postures physiques de Nalla et de Monsieur Niang au début du chapitre. Qu'en déduisez-vous ?

- Le soir, Monsieur Niang écrit dans son carnet : « Le cordon ombilical coupé avec la mère, mais renoué avec la grand-mère. Un des signes de notre temps. » Qu'entend-il par là ?
- Que veut-il dire en assimilant la grand-mère et la terre ? Pourquoi est-ce « encourageant » ?

POUR ALLER PLUS LOIN

- Connaissez vous une histoire rapportée dans l'Ancien Testament et qui se rapproche de l'anecdote racontée à Nalla par Monsieur Niang ?
- Définissez précisément les termes *fables* et *paraboles*. Peut-on rapprocher cette histoire d'un de ces genres ? Pourquoi ?
- Le mot fable vient du latin *fari* qui signifie « parler ». Pensez-vous que l'auteur a nommé la grand-mère de Nalla en connaissant cette origine ou est-ce un hasard ? Essayez d'argumenter votre hypothèse.

ÉCRIRE

- Sur quels sujets s'opposent souvent votre génération et celle de vos parents ? Imaginez une dispute entre un parent et son enfant sous la forme d'une scène de théâtre.
- Un professeur a-t-il déjà su capter votre attention comme Monsieur Niang ? Racontez.

RECHERCHER

Rechercher l'origine et les fonctions des griots dans les sociétés d'Afrique de l'Ouest.
Quel est leur rôle particulier dans le cadre de la lutte ?

PARCOURS 3

CHAPITRE 12

COMPRENDRE

1. **Expliquez les mots et expressions :** *l'arbre aux multiples ramifications* (p. 116) ; *pimpantes* (p. 116) ; *monter dans la capitale* (p. 116) ; *individualisme* (p. 116) ; *salons huppés* (p. 117) ; *affectation* (p. 117) ; *sourires éloquents* (p. 117) ; *cacher ses disgrâces* (p. 117) ; *décela* (p. 118) ; *formules incantatoires* (p. 118).

2. **Répondez aux questions suivantes :**
- Les collègues de Diattou la décrivent comme « déboussolée » (p. 117).
- Quelle est la signification littérale de ce mot ? Expliquez cette image.

ANALYSER

- Peut-on considérer ce chapitre comme un monologue intérieur ?
- Comment l'auteur restitue-t-il la détresse de Diattou ?
- Qui est le locuteur de « notre » Diattou ».
- Qui prononce la phrase : « Peut-on s'encombrer, à l'âge où nous vivons, de tant de sollicitations ! »
- Quels autres locuteurs interviennent directement dans ce chapitre ?
- Que signifie cet enchevêtrement de discours ?

ÉTUDIER LES PERSONNAGES

Diattou
- Que signifie l'image : « Diattou, attisée par les vents d'Ouest, est tombée de l'arbre. » (p. 116) ?
- Décrivez les étapes de la métamorphose de Diattou. Quel en est le point culminant ?
- Quel sens a généralement le mot « Toutou » ? Est-ce comique ? tragique ? les deux ?

- Quelles sont les qualités personnelles et professionnelles de Diattou ? Son portrait est-il univoque ?

La famille du village

- Quels aspects de la vie du village étaient pesants aux yeux de Diattou ?
- Le deuxième paragraphe raconte comment la « communauté » a pris en charge le bonheur et la réussite de Diattou. Donnez des exemples de quelques-uns des bienfaits dont a bénéficié Diattou ?
- Diattou s'est-elle montrée par la suite reconnaissante ? De quelle manière ?

SYNTHÈSE

- L'adhésion inconditionnelle de Diattou au modernisme est-elle responsable de sa situation présente ? En quoi ?
- De quoi se souvient Diattou et qu'a-t-elle choisi d'oublier ?
- Montrez comment sa conception de la mémoire et de l'oubli se différencie de celle de Mame Fari rapportée au chapitre 7.
- Entre « modernisme et tradition », Diattou a choisi depuis longtemps. En quoi, peut-on cependant affirmer que la tradition lui fut personnellement profitable ?
- L'individualisme occidental aurait-il pu l'aider en cette circonstance ? Qu'est-ce qui vous le laisse supposer ?

POUR ALLER PLUS LOIN

Parmi les types de discours, le style direct et le style indirect sont simples à repérer. En revanche, le style indirect libre est implicite puisqu'il permet de retranscrire les paroles ou les pensées d'un locuteur sans proposition introductive ni ponctuation spécifique. L'auteur mêle ainsi la narration et le discours d'un personnage.

- Montrez que ce chapitre est caractéristique de ce style.
- Quels sont, à votre avis, les intérêts de ce procédé littéraire ?

ÉCRIRE

« La grande solution : l'individualisme. Chacun pour soi, Dieu pour tous. Et la liberté. Oui, la liberté. La liberté d'oser, d'entreprendre et de décider sans avoir à les consulter. »

Discutez cette pensée de Diattou. Quels sont selon vous les avantages et les inconvénients de l'individualisme ? Organisez et illustrez des arguments contradictoires.

RECHERCHER

Les raisons du retour en Afrique de Diattou et Ndiogou ne sont pas explicites. Pourquoi revenir puisque Diattou considère l'Europe comme le Paradis ?

Faites des recherches sur l'émigration vers l'Europe. Quelles sont généralement les conditions de vie de des émigrés ? Beaucoup d'entre eux reviennent-ils ? Dans quelles conditions ?

PARCOURS 3

CHAPITRE 13

COMPRENDRE

1. Expliquez les mots et expressions : *lustrait* (p. 119) ; *lantaniers* (p. 119) ; *flux crêpé* (p. 119) ; *darkassous* (p. 120) ; *râle foudroyant* (p.119) ; *strident* (p. 119) ; *le socle du drapeau* (p. 120) ; *mugissait* (p. 121) ; *subjuguée* (p. 121) ; *verbe* (p. 121) ; *trophées* (p. 121) ; *foule survoltée* (p.122) ; *récurées* (p. 121) ; *odeur muscadée* (p. 121) ; *ocre* (p. 122) ; *en liesse* (p. 122) ; *simb* (p. 123) ; *sertie* (p. 123) ; *zéphyr* (p. 123) ; *mulet* (p. 123) ; *sable cristallin* (p. 124) ; *fusèrent* (p. 124).

2. Répondez aux questions suivantes :
Cherchez l'étymologie des mots « barbare » (p. 120) et « monstre » (p. 120). Explicitez ce sens dans le contexte.

ANALYSER

- Montrez que ce chapitre constitue un récit à part entière.
- Peut-on dire que le chapitre est construit comme une lente progression depuis mythe jusqu'à la réalité ? Quels aspects du récit s'apparentent au conte ? Quels aspects sont plutôt naturalistes ?

ÉTUDIER LES PERSONNAGES

Le grand-père et Yandi
Montrez que le cheval du grand-père a une dimension fantastique. Peut-on le réduire au règne animal ?

Le père
- Montrez que le portrait du père n'est pas univoque. Certains de ces défauts sont cités : lesquels ?
- Quelles sont les motivations du père dans son combat ?

- Comment l'auteur montre-t-il sa métamorphose en homme-lion ? Inté-ressez-vous notamment au vocabulaire utilisé.
- Qu'est-ce qui relève de l'humanité ou de l'animalité ?
- Quelle transgression commet le père ? Que signifiait cet interdit ?
- Pourquoi la mutilation du père n'est pas considérée comme laide ? Quels autres passages renforcent cette idée ?

SYNTHÈSE

- Faites la liste des animaux cités dans ce chapitre. Classez-les selon leur proximité avec les hommes.
- Que symbolisent les lions dans ce récit ? Argumentez par l'étude des champs lexicaux.
- Quelles morales, explicites ou implicites, jalonnent le récit de Malaw ? Citez le texte en appui de vos réponses.
- Relevez les références végétales et minérales de ce chapitre. Comment les interprétez-vous ?
- Qu'est-ce qui oppose Diaminar et Saint-Louis ?

POUR ALLER PLUS LOIN

La généalogie

Quel groupe social a, en Afrique de l'Ouest, la charge de conserver la mémoire des noms des ascendants des membres d'une même famille ? Montrez-le à partir de citations du texte.

Pourquoi les généalogies ont-elles tant d'importance dans les cultures tra-ditionnelles depuis l'Antiquité ? Aidez-vous du texte pour organiser votre réponse.

ÉCRIRE

Beaucoup de noms de lieu (les toponymes) s'expliquent par l'histoire, réelle ou légendaire, de leur fondation. Trouvez dans votre région un tel lieu et racontez son histoire sous la forme d'un récit mythique.

RECHERCHER

De nombreux mythes évoquent l'alliance entre l'homme et l'animal. Citez-en quelques-uns.

Faites des recherches sur le mythe du Minotaure et rédigez-en un bref résumé. Y a-t-il un lien entre ce mythe et la pratique de la corrida ? Précisez lequel.

Vous semble-t-il légitime de rapprocher ce mythe de celui raconté par Malaw ? Argumentez.

PARCOURS 3

CHAPITRE 14

COMPRENDRE

1. **Expliquez les mots et expressions :** *véranda* (p. 128) ; *lot quotidien* (p. 125) ; *jonchée* (p. 125) ; *un point d'eau hypothétique* (p. 125) ; *calcinées* (p. 125) ; *pathétiques* (p. 125) ; *se déciment* (p. 125) ; *témérité* (p. 125) ; *auxiliaires* (p. 125) ; *relayer* (p. 125) ; *stérilise* (p. 125) ; *index braqués* (p. 126) ; *giron* (p. 126) ; *aiguillonnait* (p. 126) ; *s'adonner* (p. 127) ; *exaltant* (p. 127) ; *limpide* (p. 127) ; *extase* (p. 127) ; *xalams* (p. 127) ; *pur-sang* (p. 127) ; *mystification* (p. 128) ; *accaparé* (p. 128) ; *pénuries* (p. 129) ; *surplus* (p. 129) ; *trio* (p. 129).

2. **Répondez aux questions suivantes :**
   Recherchez l'étymologie et/ou la structure des mots suivants : matérialisme (p. 126) ; folklore (p. 127) ; naïades (p. 129) ; docteur (p. 125).

ANALYSER

L'intrigue

- Qu'apprend-on dans ce chapitre sur le passé de Nalla et de ses parents ? Citez ces événements dans leur ordre chronologique.
- L'entrée en matière du chapitre marque d'emblée une transition brutale avec le précédent. Montrez-le.

Le cadre spatio-temporel

- Repérez les analepses de ce chapitre.
- Qu'appelle-t-on un huis-clos ? Peut-on appliquer ce qualificatif à ce chapitre ?

L'atmosphère

- Comment l'auteur traduit-il la tension entre les personnages ?
- Quelles manifestations extérieures ont une valeur métaphorique ?

ÉTUDIER LES PERSONNAGES

Nalla

- Montrez que finalement Nalla plaint ses parents. Pourquoi ?
- Comment se traduit ce renversement des rapports parents-enfants ?

Ndiogou

- En dépit de son incompréhension, Ndiogou se remet en question. Quels passages le prouvent ?
- Montrez que Ndiogou adopte une démarche scientifique dans sa manière d'aborder les problèmes.
- À l'époque de la naissance de Nalla, quel « pacte » Ndiogou avait-il autrefois signé avec Diattou ? Qu'est-ce qui a entravé sa réalisation ?

Diattou

- Comment se traduit la dépression de Diattou ?
- Caractérisez les différences entre Diattou et son mari.
- « Ndiogou voulait enterrer une aristocratie alors que Diattou s'en cherchait une autre forgée par le progrès et le matérialisme. » (p. 126) Comment comprenez-vous cette phrase ?
- Ndiogou et Diattou partagent-ils les mêmes valeurs ? Leurs positions respectives sont-elles conciliables ?

Monsieur Niang

- Quel rôle joue Monsieur Niang dans ce chapitre ?
- Qui sont les « eux » et les « nous » qu'il oppose ?

SYNTHÈSE

- Quelle est la situation, personnelle ou professionnelle, de chacun des trois protagonistes, susceptible d'expliquer leur positionnement ?
- Montrez que ce chapitre repose essentiellement sur une opposition entre le matérialisme, la science et la raison d'un côté, et le rêve, l'imaginaire et la poésie de l'autre.
- Relevez les champs lexicaux pour illustrer votre réponse.
- Qu'est-ce que l'incommunicabilité ? Montrez que ce thème est au cœur du chapitre. Comment l'auteur le traduit-il dans son style ?

POUR ALLER PLUS LOIN

« Louga, immense ville de sable, d'arbres et de soleil, n'inspira aucune poésie à Ndiogou. » (p. 127) Quelle est l'étymologie du mot « poésie » ? Interprétez cette phrase à la lumière de vos recherches.

ÉCRIRE

Monsieur Niang dit à Nalla : « Chez mon père, aucune ampoule ne brille la nuit mais tu sais on s'en moque là-bas, de l'électricité et même si on n'a pas tout le confort, on vit bien. »

Pensez-vous, comme Monsieur Niang, que le confort matériel n'est pas une condition du bonheur ? Vous présenterez vos arguments en les étayant à l'aide d'exemples précis tirés de la vie réelle, de la littérature ou du cinéma.

RECHERCHER

Quel était le contexte économique, social et politique du Sénégal dans les années 70-80 ?

PARCOURS 3

CHAPITRE 15

COMPRENDRE

Expliquez les mots et expressions : *consternés* (p. 130) ; *pitoyable* (p. 130) ; *avaler leur stupeur* (p. 130) ; *flamboyant* (p. 130) ; *fringant* (p. 130) ; *bazin* (p. 130) ; *gabardine* (p. 130) ; *grenat* (p. 130) ; *tuer notre sang* (p. 131) ; *flagorneries* (p. 131) ; *désinvolture* (p. 131) ; *se pointait* (p. 131) ; *de surcroît* (p. 131) ; *inculqué* (p. 132) ; *parasites* (p. 132) ; *mesquine* (p. 132) ; *susceptibilité* (p. 132) ; *amidon* (p. 132) ; *vautrer* (p. 132) ; *impression de flottement dans les jambes* (p. 132) ; *fibre inextinguible* (p. 132) ; *expédiait* (p. 134) ; *coloration de martyr* (p. 134) ; *question obsédante* (p. 134).

ANALYSER

L'intrigue

- Ce chapitre semble dans le prolongement direct du précédent. Pourquoi l'auteur a-t-il cependant décidé de proposer une césure ?
- Montrez comment l'auteur organise l'alternance des souvenirs et de la scène entre Nalla et ses parents. Quelle signification donnez-vous à ce procédé ?
- Ce chapitre constitue à la fois l'apogée du conflit et un retournement pour chacun des protagonistes. Montrez-le.
- Avez-vous le sentiment que l'intrigue progresse beaucoup dans ce chapitre ? Argumentez votre réponse.

ÉTUDIER LES PERSONNAGES

Nalla

- Pour les parents de Nalla la lutte consiste seulement à « aller [se] vautrer dans le sable des arènes comme un animal. » Est-ce autre chose pour Nalla ? Quels mots et expressions le montrent ?

- Nalla est comparé à un martyr (p. 134). Quelle interprétation donnez-vous à cette image ?

Ndiogou

- De quoi Ndiogou se sent-il coupable ?
- Ndiogou découvre qu'il éprouve un autre sentiment qui lui était jusqu'alors inconnu, lequel ? Pourquoi le ressent-il ?
- Ndiogou semble plus apte à contrôler ses émotions que Diattou et Nalla. Cela signifie-t-il pour autant qu'il soit dénué de sensibilité ? Justifiez.

Diattou

- Diattou partage-t-elle la culpabilité de Ndiogou ? Que dit le texte à ce propos ?
- Comment l'auteur décrit-il la dégradation du moral de Diattou ?
- Pourquoi Ndiogou tressaillit-il lorsqu'il voit Diattou quitter la pièce ?
- Comment réagit Diattou vis-à-vis de Mapaté ?
- Diattou et Nalla souffrent pareillement des tensions qui se sont installées au sein de la famille. Comment se traduit, physiquement, cette souffrance pour l'un et pour l'autre ? Montrez qu'ils se ressemblent en fait beaucoup.

Mapaté

- Comment ce personnage est-il vêtu ? Que cela traduit-il ?
- Quelle fonction remplit-il au sein de la famille ?
- Montrez que Mapaté se veut un pédagogue.
- Quels indices textuels indiquent que Mapaté est le représentant d'un monde qui s'efface ?
- Sur quel registre s'exprime le plus souvent Mapaté ? Quels autres détails donnent une dimension comique au personnage ?
- Quels aspects lui donnent aussi un côté fantastique ?

SYNTHÈSE

- Montrez que l'incommunicabilité est à nouveau source de souffrances pour les personnages.
- Définissez le rôle (réel et symbolique) de l'argent dans ce chapitre.
- L'auteur semble nous dire qu'il est essentiel de savoir nuancer, réfléchir et analyser les situations pour avoir une chance de comprendre

et d'avancer. Qui, à votre avis, incarne le mieux cette position dans ce chapitre ? Pourquoi ?

POUR ALLER PLUS LOIN

À deux reprises, l'auteur use dans ce chapitre de la métaphore végétale pour évoquer la relation parent-enfant. Relevez ces deux passages. Comment interprétez-vous ces images ?

ÉCRIRE

1. « Pourquoi, vous les griots, n'allez-vous pas chercher du travail au lieu de vivre aux dépens des autres comme des parasites ? » Quelles réflexions vous inspire cette question ?
2. « Une moto, une voiture, qu'est-ce que c'est pour un être privé de rêve et enfermé dans la triste réalité d'un costume étriqué ! ». Discutez cette phrase.

RECHERCHER

Dans les années soixante, en Occident, se sont développés des mouvements politiques qui ont permis l'émancipation des femmes et l'égalité des droits.

Qu'en fut-il en Afrique de l'Ouest ? Recherchez les grandes dates de l'histoire des mouvements féministes ? Quelles mesures ont traduit une plus grande égalité entre les hommes et les femmes pendant cette période ?

SYNTHÈSE DE PARTIE

1. Qu'avez-vous appris dans cette partie permettant de mieux comprendre les ressorts de l'intrigue ? Complétez les informations biographiques de Nalla et de ses parents.
2. Quels thèmes sont particulièrement développés dans cette partie du roman ? Quels points de vue s'opposent à leur sujet ?

3. Montrez qu'au cours de cette partie, l'auteur alterne les temporalités et les modes de narration (entre le mythe et le réel).
4. Titrez chacun de ces chapitres.
5. Imaginez une suite possible des événements pour chacun des personnages.

Ce matin, lorsque Nalla a garé son vélomoteur près de la porte, il est accueilli par de larges sourires. Il a eu le sentiment que la rumeur habituelle a monté de plusieurs degrés. La foule est plus dense. Une animation extraordinaire règne dans la cour. À certains endroits, des hommes s'essoufflent dans des discussions passionnées. Seuls le fromager géant et ce lion de Malaw ont gardé leur calme habituel. Malaw l'attendait. Il avait dit :

« Quand Petit viendra, laissez-moi lui annoncer moi-même la surprise ».

Il l'a donc mis au courant de l'importante nouvelle : il doit livrer un combat dans dix jours.

Nalla est saisi par un enthousiasme fou. Comme si le plus irréel des rêves s'était réalisé. Voir enfin Malaw dans un vrai combat, différent de celui qu'ils livrent tous les deux et qui fait pourtant le délice des habitués de la maison ! Malaw dans les arènes en face d'un autre géant !

Il s'appelle Galadio et on le surnomme Tonnerre. Il vient du sud du pays. Il a poussé comme une mauvaise herbe, car à vingt-huit ans, il se déplace allègrement avec ses cent trente-deux kilos et ses deux cent dix-huit centimètres. Une force de la nature. Sans oser le dire haut, certains pensent avec amertume qu'il pourrait avoir sur Malaw l'avantage de la jeunesse. « À trente-six ans, les réflexes peuvent jouer de mauvais tours… »

Il a déjà battu quatre-vingt-neuf adversaires. Il a sillonné toute la côte et y a fait des malheurs. Il a alors décidé d'entrer dans Louga où règne sans partage Malaw Lô, le lion du Kajoor. Il a pénétré dans les arènes. C'était l'autre dimanche ; il s'y est enivré comme d'une liqueur, de l'ivresse délirante des tambours. Il a demandé aux batteurs d'exécuter le rythme circulaire d'accueil aux Grands, et il a avancé, un pas sur l'autre, un pas sur l'autre jusque devant Malaw. Il a pris un tam-tam et l'a planté devant le géant. Les tambours se sont tus. Quinze mille paires d'yeux surpris se sont braqués sur Malaw et sur le tam-tam du défi. Des souffles se sont suspendus, des cœurs ont tremblé. Le pachyderme s'est redressé. Il a donné un coup de pied sur le tam-tam planté par Tonnerre. Son bras droit, poing fermé, est parti ensuite dans le mouvement hallucinant d'un arc qui se bande et se débande. Les batteurs ont fait crépiter la mitraillette et les feux, dans les arènes, se sont éteints. Défi relevé.

– Tu seras mon garçon-fétiche, lui a dit Malaw.

– C'est quoi, un garçon-fétiche ?

– Un combat ne se livre pas sans préparation, petit. Tonnerre n'est pas venu les mains vides. S'il a osé avancer jusqu'ici, c'est qu'il doit avoir reçu l'aval des forces obscures de son pays. Tu seras mon garçon-fétiche, c'est-à-dire que tu seras le témoin de mes contacts avec les forces invisibles de l'air et de l'eau. Ensemble, nous communierons avec la terre. Ensemble, nous implorerons le ciel. Tu porteras mon sac et tu m'aspergeras de liquides bénis dans le secret des nuits.

Grande mission, à vrai dire. Très importante mission.

Alors, chaque nuit, Nalla a feint d'aller au lit. Lorsque ses parents se sont retirés dans leur chambre, il a marché sur la pointe des pieds jusqu'au salon. Les clefs sont gardées dans le tiroir d'une petite commode ; il les a prises, et il est allé rejoindre Malaw.

Il a découvert un autre monde : celui de l'univers mysté-rieux des marabouts. Il a vu de grands canaris pleins de décoc-tions de racines reposer sur trois tiges de balai.

– Petit, soulève ce canari et verse son contenu sur tout mon corps.

Il s'est plié en deux. Il a agrippé le canari en gémissant de sa lourdeur et aussi du regard brûlant de l'opérateur de miracles.

« Un canari si lourd sur trois tiges aussi fines que des brins d'allumettes, comment est-ce possible ? »

Avec Malaw, il a exploré les forêts denses d'énigmes, de symboles et de mystères. L'oreille constamment aux aguets, il a essayé de déchiffrer le message codé des forces de la nuit.

Il s'est senti fort. Fort de la force de la terre qui porte et qui nourrit toute la faune et toute la flore. C'est pourquoi il n'a même pas réagi lorsqu'il a vu que le transistor de maman a brusquement disparu et que le journal de papa ne traîne plus. Aucun motif de regret, puisqu'il sait que la ville et le pays tout entier se passionnent pour ce qui sera le combat du siècle. Il en est fier. La censure ne lui fait rien. Au collège, entre deux cours, il va voir Monsieur Niang dans sa classe. Celui-ci lui fait le compte-rendu des commentaires radiodiffusés et lui donne à lire les articles de presse. Ils passent de longs moments à énumérer les raisons qui font que Malaw sortira victorieux du combat. Pour terminer, ils s'indignent des pronostics favorables à Tonnerre.

Ndiogou a découvert le manège. Une nuit, il a décidé d'aller parler encore à Nalla. Il a eu l'intention de le sonder afin de mesurer l'intensité de sa passion pour « ces histoires de lutte ». Caprice ou défi ? Il a voulu savoir. Lorsqu'il n'a trouvé dans la chambre qu'un lit vide même pas défait, il a reçu un coup de massue sur la tête. L'idée que son fils est parti pour toujours l'a effleuré et a provoqué en lui une grande détresse. Il s'est laissé tomber dans le lit pour retrouver ses esprits. Ensuite, il s'est précipité dans le salon : point de clef dans les tiroirs de la commode. Il a voulu prendre d'assaut la porte et a réalisé qu'elle est fermée : « Qu'est-ce que cela veut dire ! » Le premier mouvement a été de vouloir défoncer la porte, mais il s'est retenu de justesse en pensant que le bruit alerterait Diattou. Alors il a réfléchi pendant quelques secondes et a lorgné dans la serrure. N'y voyant rien, il est allé dans le bureau et en est revenu avec une longue aiguille. Il l'a introduite dans la serrure. Un vent de soulagement a soufflé dans son cœur, car il s'est rendu compte que la clef n'y est plus plantée de l'extérieur. Quelques instants après, une idée l'a troublé : « Mais, cela ne veut rien dire que la clef n'y soit pas... Quelqu'un d'autre peut l'avoir prise... » Il rejette cette idée en secouant énergiquement la tête. Presque un espoir : « Il reviendra... »

Il a pris le parti d'attendre, pestant contre ce perfide Malaw qui a intoxiqué son fils. Il fera tout pour neutraliser l'attrait malfaisant que ce « type » exerce sur Nalla. « Il doit être avec lui ». Il serait tout de suite allé régler son compte à Malaw et reprendre son fils, mais il n'aime pas le scandale. Il n'est pas fait pour le scandale. Il trouve que c'est grossièrement vulgaire. Alors, il faut attendre.

Il ronge sa jalousie et sa colère. L'idée d'aller avertir Diattou lui a paru bête et méchante. Quatre heures du matin. « Mais non, je ne dois pas rester dans le salon. Avec ses insomnies permanentes, Diattou viendra à coup sûr m'y trouver. Elle découvrira l'affaire... » La douleur est poignante. Son long corps d'athlète l'encombre. Il éteint nerveusement la lampe et regagne sa chambre.

– Que se passe-t-il ? Tu travaillais dans le bureau ?

– Non, j'avais soif. Je viens de la cuisine.

Il a déploré d'avoir eu à mentir. Il en a même quelque peu souffert, car il n'a jamais aimé mentir. Son père lui disait : « Quand tu auras le couteau sous la gorge, dis quand même la vérité ».

Il pense à son père. Qu'aurait fait son père si lui, Ndiogou Bari, avait eu l'audace de déserter la maison paternelle en pleine nuit à l'âge de Nalla ? Il l'aurait corrigé hors des regards ; cela se serait fait « entre hommes ». Ensuite, il aurait réuni toute la famille : grands-parents, oncles, mères et tantes, et il leur aurait demandé de raisonner le fils. Il aurait convoqué ses amis, ceux avec qui, depuis la première enfance, il avait partagé toutes les peines et toutes les douleurs, mais aussi toutes les joies, et il leur aurait dit : « Votre fils est en train de s'écarter du droit chemin, unissez vos efforts pour le remettre sur la voie ». Il aurait enfin averti les voisins : « Surveillons nos enfants ; ils sont sur le point d'oser ce que nous n'avons jamais osé ». Pour le père, l'homme n'a qu'un remède et c'est l'homme.

Ndiogou n'a plus de tante. Il ne se souvient plus s'il a encore des grands-parents vivants. Sa mère le voit deux fois dans l'année : quand il va lui donner son mouton de Tabaski et lorsqu'il revient de son congé annuel. Ses six sœurs se sont liguées en bloc contre lui. « Lui, l'unique garçon de la "chambre" de notre mère, ne daigne jamais mettre les pieds chez nous ! Il ne se soucie même pas de savoir si nous couchons sur du duvet ou sur du chaume… Laissons-le avec cette femme qui n'est ni une noire ni une blanche ! »

Ndiogou n'a plus d'ami. Ceux de sa classe d'âge ont pris sa réserve pour du mépris et se sont dits : « Nous n'avons rien, mais nous avons notre dignité ».

« Nalla n'a pas connu mon père, ils ont pourtant un air… »

Il a chassé le souvenir. Son grand problème du moment est de ne pas porter un mauvais coup à sa femme. Il entreprend d'analyser la situation : « Comme un enfer, à cause de ce gosse. » Lui, Nalla, Diattou. Eux trois seulement. Trois individus dans un univers, c'est lourd. On peut s'y perdre. Nalla refuse de s'y perdre. Lui, il veut peupler le sien, non pas seulement d'hommes, mais aussi de mythes et de poésie.

Ndiogou n'a pas encore compris cela. Il n'arrive même plus à savoir : son malheur vient-il de son orgueil de père blessé, de son vague sentiment d'avoir une responsabilité dans la « chute » de son fils, ou de la misère de sa femme ? Tout est flou à ses yeux. « C'est invivable ; il faudra nécessairement chercher des solutions. » Il ne dormira pas. Cinq heures quarante-cinq minutes. La voix du muezzin retentit comme un trombone. Les chants des coqs se répondent et déchirent le voile opaque qui couvrait l'atmosphère. Ndiogou a entendu la clef grincer dans la serrure. Il s'est retourné vers Diattou et a béni le ciel que ce soit justement l'heure où elle pique un brin de sommeil.

Diattou a explosé :

— Je me demande pourquoi on fait toute cette publicité autour du combat qui se prépare. C'est comme si on voulait nous narguer.

Ndiogou a pris un air neutre pour dédramatiser la situation. Pourtant, au fond de lui-même, il se sent totalement désemparé.

— Mais non, Diattou. Qui a intérêt à nous narguer et qu'y gagnerait-on ? Les gens ont autre chose à faire que de chercher à nous narguer. Par ailleurs, personne n'est au courant de notre problème… C'est un problème entre Nalla et nous. Un simple problème de famille, comme il y en a dans toutes les familles.

Ndiogou a voulu convaincre Diattou parce qu'il a remarqué que, depuis quelque temps, sa femme est de plus en plus irritable. Mais Diattou persiste.

— Ils sont tous au courant, dans ces milieux de lutte. Nalla a dû en parler à ce lutteur-là, car moi j'ai l'impression qu'il nous déteste. Notre fils nous déteste !

— Ne t'énerve pas, Diattou. Il ne peut pas nous détester, voyons. C'est un enfant. Il fait sa crise d'adolescence. Il se sent contrarié, c'est tout. Je te dis que ce sont des choses qui arrivent dans toutes les familles…

— Mais ce tapage-là, c'est trop !

— Parce qu'il y a beaucoup de gens que la lutte intéresse. Comme ceux qui se passionnent de tennis ou de football…

— Il doit sûrement y avoir du Monsieur Niang là-dedans.

Diattou en veut énormément à Monsieur Niang. Un jour, en fouillant sous le matelas de Nalla, elle y a trouvé un beau livre offert par le professeur et portant cette dédicace : « À toi, petit, pour ton anniversaire. Imprègne-toi de la sagesse de ce livre : ne jamais tricher ni avec soi ni avec les autres. Fais-en ton livre de chevet. » Signé « Monsieur Niang ». Ce qu'elle redoutait sans vouloir y croire était ainsi confirmé : les ponts n'étaient pas coupés entre le professeur et Nalla. Après cette pénible découverte, sa haine contre Monsieur Niang s'intensifia lorsque le Surveillant général du Collège, croyant lui faire plaisir, lui dit quelques jours plus tard :

– Il n'y a pas de quoi désespérer, Madame. Votre fils accuse un net redressement ces temps-ci. Depuis que son professeur est ici, ça va mieux dans l'ensemble.

Diattou n'avait pas compris, n'ayant pas pensé sur le coup à Monsieur Niang.

– Son professeur ?….

– Oui, Madame, avait précisé le Surveillant général. Celui que vous lui aviez pris l'année dernière pour les cours particuliers. Il a demandé à être affecté ici. Il pense qu'il est plus pratique de les lui dispenser sur place, pendant ses heures de permanence. Nous avons trouvé des arrangements dans l'emploi du temps… Ça doit pouvoir aller, car, comme vous devez vous en douter, il est bien encadré par le professeur.

– C'est vrai, Monsieur ! Mais où avais-je donc la tête, avait-elle ajouté avec un sourire très crispé.

Elle avait chancelé sous l'effet du choc. À la maison, elle n'avait rien voulu dire pour ne pas se heurter à une nouvelle scène de Nalla. La première l'avait traumatisée au point qu'elle ne lui faisait plus de remontrances.

Devant le silence de Ndiogou, Diattou a contre-attaqué :

– Ce Monsieur Niang est pire qu'un venin. Sais-tu qu'il est maintenant au Collège pour mieux approcher Nalla et lui tourner la tête ?

– J'ai la certitude qu'il n'est pas capable de bassesses.

– Je te dis que c'est lui qui orchestre cette campagne de publicité pour nous faire mal. S'il a eu l'audace d'encourager Nalla à se passionner de lutte, il peut être à l'origine de ce tintamarre. Il n'est même plus possible d'ouvrir la radio sans y entendre ces choses-là !

– Diattou, tu vas chercher trop loin. Monsieur Niang a ses idées, il a peut-être ses lubies, mais il m'a l'air d'être foncièrement honnête. Il n'est pas mesquin. Avant de lui confier Nalla, je m'étais renseigné sur lui. Ceux du Centre d'élevage le connaissent bien. D'ailleurs, qui nous dit que son originalité ne vient pas d'un excès de générosité ?

Alors, là, Diattou n'a rien compris. Elle a eu le sentiment que son mari cherche des excuses à Monsieur Niang. Est-ce pensable ?

– Nous devons quitter cette ville, dit-elle dans un accès de colère. Quittons cette maudite ville ! Tous nos malheurs ont commencé ici. Partons.

Ndiogou ne s'est pas départi de son calme. Ses mâchoires se sont resserrées. Son corps s'est raidi et ses pieds ont touché le bord du lit. Il a posé le journal qu'il parcourait sur la table de chevet. Il s'est redressé pour mieux se faire entendre de sa femme qui est là, assise à côté, la tête dans les mains.

– S'il faut absolument partir, je suis d'accord, mais même dans ce cas, tu sais bien que cela ne peut pas se faire du jour au lendemain. Patience donc et raisonnons un peu. Je suis venu ici pour mon travail. J'ai mis au point un vaste programme de recherches que je voudrais concrétiser, au moins en partie. Et puis, il y a un grand problème humain : est-ce le moment d'abandonner les éleveurs à leur sort ? Je n'ai pas le droit de les trahir dans le combat que nous menons ensemble contre les incidences de la sécheresse. Ils n'ont que le bétail. Ils ne vivent que pour les bêtes et ils comptent sur moi pour les aider à sauver celles qui ont survécu. As-tu jamais vu l'œil hagard et le visage macabre d'un éleveur qui a perdu une, deux, trois, puis dix bêtes, puis vingt ? Non… Ce n'est pas le sentiment de perdre une richesse… matérielle. C'est autre chose de plus complexe, de plus profond. Les bêtes, c'est leur vie. C'est le sens de leur vie… Quelque chose de plus intense que l'amour ou l'amitié. Quelque chose de sublime. Difficile à définir…

Ai-je le droit, sachant tout cela et le sentant, ai-je le droit de les pousser au suicide ? Tu sais bien qu'ils se suicident... Tu le sais, Diattou ; tu les as vus se suicider...

– Ce lien qui les unit à leurs bêtes est-il plus important que celui qui doit nous unir à notre fils ? Il sombre, notre fils ! Partons d'ici.

– Non, notre fils ne sombre pas. Il ne sombrera pas. Nous le sauverons. Si tu le veux bien.

Diattou n'a pas entendu cette dernière phrase. L'idée fixe l'a encore ravie. La maternité. Quitter à tout prix la maternité. Elle n'a plus la noblesse et la splendeur d'une source de vie. Elle est hantée par les forces du mal et de la calomnie. Elle est le désastre et le chaos. Le vent sec et chaud de l'harmattan y draine des relents de ruine. Maudite maternité. L'employé des voiries n'y passe plus. « A-t-il peur que je lui dérobe son âme ? » Les toiles d'araignées recouvrent les murs d'un voile lugubre. Les feuilles de bentenier[1] forment un tapis très épais et s'amoncellent sur le gazon desséché. Le soleil les a grillées... Leur crissement, sous ses pas, lui donnent le vertige. « Voilà où peut mener ce complot social que j'ai toujours détesté. Guidé par l'aveuglement de l'instinct plutôt que par la lumière de la raison. Mais alors la raison, quelle force a-t-elle si elle ne peut pas balayer ces croyances et ces mythes fondés sur rien ? Si elle ne peut pas tout ramener à la rigueur mathématique, quel est son intérêt ? Me voici victime de ces pressions collectives, haïes et combattues. Quelle aberration ! »

Le souvenir du village l'a assaillie sous la forme d'une pieuvre. Elle a résisté et s'est contracté la gorge, comme si on lui demandait de revenir à ses vomissures.

À son retour d'Occident, lorsqu'elle était partie pour récupérer Nalla, elle avait débarqué en mini-jupe. Son accoutrement et ses cheveux coupés ras avaient scandalisé les villageois.

---

[1] Fromager.

La stupeur n'était pas encore passée qu'elle osa se promener dehors en pantalon, cigarette aux coins des lèvres. Les villageois, en observant ses fesses en forme de calebasses moulées dans le pantalon et en les voyant rebondir lorsqu'elle marchait, avaient pensé que Diattou leur jouait une scène de dérision. Mais ils n'en avaient pas ri. Une profonde secousse les avait ébranlés et, en premier lieu, Mame Fari.

– Diattou, as-tu tout ton esprit ? avait demandé sa mère.

Ses éclats de rire avaient résonné dans le ventre de Mame Fari comme une insolence. Elle n'avait pas perçu l'horreur qu'étalait le visage de sa mère.

– Bien sûr que j'ai tout mon esprit ! Pourquoi tu me le demandes ?

– Ta mise est indécente, ma fille… que diront les gens ?

– Mais, ils n'ont rien à dire ! Ce que je fais ne les regarde pas. Est-ce que je me mêle de leurs affaires ?

– C'est notre tradition de nous regarder et de nous redresser mutuellement, ma fille.

– Le monde n'est plus ce qu'il était hier. Personne ne peut arrêter le progrès. Il faut vivre dans son siècle, sous peine de s'éteindre. Notre siècle, c'est celui du progrès et de la liberté.

Mame Fari n'avait pas eu le courage de rapporter cette conversation. Elle avait senti que la colère grondait dans les cœurs. Et aussi l'indignation. Le conseil des anciens avait été réuni.

– Je ne vous appartiens pas, avait dit Diattou, sans pudeur et sans le moindre respect pour ces braves laboureurs aux mains calleuses et à la barbe blanche. Vous n'êtes ni mon père ni ma mère, vous n'avez donc pas à vous mêler de mes affaires. Je suis grande maintenant. Je suis majeure. Je peux disposer de ma personne comme je l'entends. Personne n'est mon tuteur.

– Le diable sera ton tuteur, avait dit le vieux Madiodio courbé sous ses quatre-vingt-treize ans.

Il symbolisait la dictature aux yeux de Diattou. Il l'exaspérait.

Le lendemain de cette fameuse réunion, elle s'était embarquée avec Nalla pour la capitale. En attendant le départ pour Louga, elle avait tué le temps dans les salons enfumés et avait sablé le champagne dans les réceptions.

Le disque solaire vient à peine de faire sa percée. Ils ont déjà exécuté l'offrande au baobab sacré. Malaw s'est allongé sous l'arbre et semble compter les feuilles qui se balancent sous les caresses d'une légère brise. Nalla s'est éloigné. Il est à cinq mètres de Malaw. Il est assis au bord du ruisseau. Il est très excité. Plus que trois jours, et ce sera le grand événement ! Il trempe ses pieds dans le ruisseau et balaie délicatement la surface de l'eau. C'est sa façon à lui de saluer Siga Ndiaye et de l'inviter à sortir de sa retraite pour donner à l'événement tout l'éclat qu'il mérite. Ses yeux brillent et, soudain, il crie :

– Malaw ! Elle sortira pour te mettre la couronne de « Nguer[1] », après la victoire.

– Qui ?

Malaw somnolait.

– Mais… Siga Ndiaye ! As-tu oublié… Elle s'est seulement cachée. Un jour, dans son ruisseau, elle rencontrera l'ombre de son frère. Elle reconnaîtra l'anneau d'or torsadé qui pendait toujours à l'oreille gauche de Gora Ndiaye ; elle distinguera nettement la coiffure : trois touffes de cheveux en forme de triangle au sommet de la tête. Elle criera sa surprise et son étonnement. L'ombre se matérialisera et devant elle, lui tendant la main, elle verra son frère revenu d'une merveilleuse odyssée qui le mena jusqu'au bout de la terre. Ils se jetteront l'un sur l'autre. Siga Ndiaye pleurera une dernière fois – mais de joie – et ses larmes tariront. Le ruisseau se desséchera et fera place à une splendide oasis de bonheur. Siga Ndiaye apparaîtra en pagne « cawali[2] » et avec une camisole « fajaama », où mille étoiles blanches scintilleront sans l'éclat étincelant de l'indigo. Son collier d'ambre lui arrivera à la cheville et ses longues tresses ornées de paillettes dorées se déploieront sur son

---

1 Plante qui revêt la même valeur symbolique que le laurier.
2 Technique de teinture.

dos. Lorsque le soleil inondera l'oasis, un vent suave traversera tout son jardin. Les plantes fleuriront sans jamais se faner. Gora Ndiaye se mariera avec la plus belle des jeunes filles du pays. Il l'aura mérité pour avoir réussi à déchirer le septième voile de la Sagesse. Après cela, Siga Ndiaye pourra se choisir un époux…

– Ah ! petit, tu as une bonne mémoire !…. Oui, je l'avais dit tout cela, en effet… Siga Ndiaye réapparaîtra…

– Je veux que ce soit pour l'événement. Elle te couronnera de « Nguer ». Ensuite, tu diras à Gora Ndiaye : « Ne donne ta sœur en mariage à personne ; garde-la pour Petit ».

Malaw a ressenti une grande émotion.

– C'est cela, petit. C'est ce que l'on fera. Quelques instants après, il l'a appelé près de lui.

– Petit, tu penses déjà à la couronne de « Nguer ». Tu es donc si sûr de ma victoire ?

La question de Malaw a quelque peu contrarié Nalla. Le géant s'en est vite aperçu. Il s'est redressé sur son séant. La mine empreinte d'une douce gravité, il a regardé l'enfant droit dans les yeux :

– Rassure-toi, lui dit-il. Je gagnerai. Même si Tonnerre me soulève, me projette sur la terre et me piétine. J'aurais quand même gagné. Le combat que je livre contre Tonnerre n'est pas seulement un combat physique… je ne me bats pas contre Tonnerre. Au contraire Tonnerre est de mon côté, il m'aidera à gagner…

Nalla n'a rien compris. Il s'est penché sur Malaw pour voir s'il ne rêvait pas. Malaw a fait comme s'il n'avait pas remarqué les yeux écarquillés de l'enfant.

– Assieds-toi, continue-t-il. Et écoute-moi bien… Un beau matin, à Diaminar Lô, douze garçons vigoureux ouvrirent le chemin de l'exode. Ils partirent pour la grande ville. C'était pour ramasser des papiers dans les bureaux, ou pour offrir leur dos aux lourds colis que le doigt d'acier des grues avait piqués dans des navires surchargés. D'autres allaient faire les automates dans des usines où la machine impose sa volonté. Pour eux, la terre n'avait plus de charme. De temps en temps, pour éblouir, ils passaient au pays avec des costumes repassés, des souliers cirés et des cheveux bien brossés. Ils créaient le mirage. Ils donnaient l'impression d'avoir trouvé un autre paradis terrestre qui faisait de Diaminar l'enfer. Personne ne se doutait que ces gens-là ne brillaient que du dehors. Ils ne savaient plus goûter la douceur extatique de contempler une graine en germination. Ils ne savaient plus regarder le ciel, ni la terre, ni la verdure, ni les bêtes. Ils s'étaient engagés dans le tourbillon étourdissant d'un monde nouveau. Mais comme leurs chaussures étaient belles et que leurs costumes étaient neufs, ils fascinèrent. Et d'autres suivirent, puis d'autres, et ne revinrent plus.

Ainsi partirent mes neuf frères et ma sœur Anta Lô. Diaminar se flétrit. Il se vida de sa vigueur et de son exubérance. Les lantaniers se desséchèrent et la brise du matin n'y répandit plus la douce senteur de la citronnelle sauvage. Sur le visage des dames, les sourires s'estompèrent ; il n'y restait que le regard angoissé de la crainte des départs. « Mon fils suivra-t-il !…. »

Un jour, ma sœur Anta Lô revint. Un air de joie sembla souffler sur Diaminar, mais il ne charriait pas l'odeur des bonheurs sans encombres. L'extrême pâleur d'Anta et son regard sans lumière avaient faussé les rires, car à Diaminar Lô, à seize ans, les jeunes filles n'avaient pas le visage fané qu'offrait Anta.

Huit jours après l'arrivée de ma sœur, des gendarmes pénétrèrent dans Diaminar sans même saluer. C'était à l'heure du « laax ». Ils se dirigèrent vers la calebasse des femmes. Le grincement de leurs bottes était sinistre.

– Nous venons chercher Anta Lô !

Une grande terreur envahit les femmes. Elles ne regardèrent pas les gendarmes. Leur visage décomposé s'était tourné instinctivement du côté des hommes. Ceux-ci se levèrent comme un seul homme et s'interposèrent entre les femmes et les gendarmes. Ces derniers avaient reconnu Anta assise entre ma mère et mes deux femmes qui tenaient chacune un bébé tétant gloutonnement. L'un d'eux contourna la barrière des hommes et s'approcha davantage des femmes.

– Anta Lô, lève-toi et suis-nous !

– Qu'y a-t-il ? demandèrent les hommes.

– Raconte-leur ce que tu as fait, dit un autre sur un ton sarcastique et méchant. Dis-leur ton exploit.

– Qu'a-t-elle donc fait ? demanda mon père.

– Ce qu'elle a fait ! La plus ignoble de toutes les cruautés. Elle a enterré l'enfant qu'elle a mis au monde.

– Ce n'est pas vrai ! rugit mon père.

Sa voix fit trembler les palissades. Les visages se pétrifièrent.

– Demande-lui si ce n'est pas vrai, nargua le gendarme. Allez, fille, suis-nous.

Anta avait été séduite, puis elle avait eu peur. Peur de la honte et de l'avenir. Pas question de retourner à Diaminar avec l'enfant lorsqu'il naîtrait. Un enfant sans père, quelle calamité ! Le séducteur avait dit : « Si tu avais bien noué ton pagne, tu n'en serais pas arrivée là ! Débrouille-toi et laisse-moi tranquille, hein ! » C'était tout. C'était donc ça l'émancipation ! Anta était grosse de trois mois. Le séducteur avait disparu après sa « mise au point » et elle ne l'avait plus revu. Alors, que faire ? Comment vivre sans ressources, et comment gagner sa vie avec un enfant dans les bras ? Anta avait pesé toutes ses douleurs. Celle qui lui avait paru être la moins lourde était de supprimer l'enfant. Sans se douter que des yeux avertis avaient percé depuis longtemps ce qu'elle croyait être son secret à elle toute seule, elle accomplit son acte une nuit, derrière les baraques. Elle étrangla son enfant et l'enterra.

Anta fut amenée et enfermée. Diaminar se sentit violée. Mon père en fut profondément blessé. Le vieux lion se courba.

Sa crinière s'affaissa pour toujours. Il ne quitta plus sa case. Était-ce pour se cacher de l'éclat du jour qui avait été témoin de sa défaite ? Personne n'en sut rien. Un soir, quand Diaminar se fut assoupi, je crus percevoir un bruit de cuivre. Je reconnus bientôt le grelot de Yandi que mon père gardait comme une relique. J'allai dans sa case.

– Père, qu'est-ce qu'il y avait ?

« Assieds-toi, Malaw. Je veux te parler… Diaminar se meurt. Tous nos fils sont allés se perdre dans la grande ville. L'euphorie passera… La solitude les frappera tous, comme elle a déjà frappé ceux qui, à la ville, étaient partis au loin et qui sont revenus en emportant dans le cœur la froideur des brumes du Nord. La grande ville sera malade de ses habitants : il y aura d'un côté ceux qui sont enflés de l'orgueil d'avoir trouvé une autre vérité et de l'autre ceux que la fumée et le vrombissement continu des machines auront abrutis. Il y aura aussi ceux que le désœuvrement aura littéralement disloqués s'il ne les a pas réduits à tendre perpétuellement une main quémandeuse. Ils formeront un peuple désintégré et se livreront un combat sans merci pour survivre aux tourments qu'ils se seront créés. Ils ne sauront plus sentir, ni chanter, ni rêver, et ils ne sauront plus sourire que du malheur des autres. Ils seront au bord du précipice. Il faudra les sauver avant qu'ils ne s'y engouffrent… Sauve-les, mon fils. Va à Louga. Ouvre des arènes et remue-les. Fais-y bouillonner le tam-tam comme une mer en furie… Tu as déjà vu une mère à qui le destin a arraché son enfant ; que de fois as-tu vu les visages déchirés des dames de Diaminar ! Tu as senti mille fois le vertige des gémissements hypnotiques du cœur de Diaminar. Malaw mon fils, il faut que le tam-tam aux arènes ait cette même résonance. Qu'il gronde, et qu'il gronde ! Ils l'entendront, et ceux qui ne sont pas les damnés éternels finiront par venir parce qu'ils ne pourront pas résister à l'appel de la terre. Il y a toujours un coin pour la terre dans le cœur de ceux qui ont encore toute leur âme ».

Mon père respira ensuite à pleins poumons comme s'il était essoufflé, et son râle était celui d'un lion exténué. J'essayais de voir la couleur de ses yeux, mais ils étaient fermés. Trois mois plus tard, il mourut. C'était peut-être pour me permettre de partir, car chaque matin, lorsque j'allais le saluer, je le trouvais cloué au sol comme un perclus, la tête sur les genoux, les doigts égrenant un chapelet. Il me disait :

– Tu penses aux arènes ?

Et je répondais :

– Oui, père. J'irai à Louga. À la fin de l'hivernage, lorsque j'aurai récolté assez de graines pour vous permettre de tenir jusqu'à la moisson prochaine, je partirai. Et un matin, je rassemblais Diaminar Lô. Une belle équipe : ma mère, mes deux femmes, mes cinq enfants, trois vieilles femmes édentées dont les fils étaient partis, et Fodé, le fils de feu Malamine, le griot du village. Fodé ouvrit la marche, tam-tam en bandoulière, et nous avançâmes sur Louga avec nos balluchons de vieilleries diverses. Mané Diagne, ma mère, l'enfant de Get Ndar qu'aucune douleur ne put jamais rider, chanta Saint-Louis la bleue, et les guirlandes folâtres des fanals, et les feux d'artifices qui jaillissent au-dessus du fleuve, les soirs de réveillon. Elle raconta en une chaude mélopée l'histoire de sa fille Anta Lô morte à dix-huit ans dans sa cellule de prison. Elle interrompit sa mélopée et clama encore en hochant la tête : « Personne ne sut jamais ce que disait la conscience éclatée de ma fille, lorsque Diaminar hébété l'eut suivie jusque devant le car des gendarmes. Moi seule pouvais l'entendre. » Et ma mère, soutenue par le rythme de Fodé, chanta ce que disait, selon elle, la conscience éclatée de ma sœur Anta Lô :

« Yaayoo booyoo[1] *si je savais*
Le prix des chastetés bradées

---

[1] Ô ma mère chérie.

Aïe Aïe mes reins écartelés
Aïe Aïe les sanglots étouffés
De la chair molle de ma chair
Raide dans ma main meurtrière. »

Malaw s'est tu.

– « Ndeysaan », a dit Nalla d'une voix pathétique. Alors Diaminar n'existe plus. Tout le monde est parti !

– Mais si ! répond gaillardement Malaw. Il existe, les trois baobabs y sont. Ainsi que les puits. Et aussi les sept ceintures de « darkassous ». À leur maturation, les pommes de « darkassous » pendent comme des lampions dans le vert dru des feuillages épais, lorsque le soleil déverse son torrent de lumière sur le pays en exil. Diaminar est en exil, mais il existe !

Nalla a posé sur Malaw un regard doux comme le lait, et il a tenté d'explorer cette large poitrine dont les proéminences se dessinent sur la tunique en cotonnade légère, et il s'est dit quelque chose comme ceci : « Dans la poitrine de ce géant, flambe le désir de ressusciter Diaminar. » Aussitôt après cette pensée, il a senti un sursaut et s'est écrié :

– Diaminar n'est pas mort !

Le visage de Malaw s'est teint de béatitude.

Diattou avait tout fait pour décider Ndiogou :

– Partons ce week-end, et amenons Nalla.

– Ce n'est pas une solution. Ce sera encore retarder l'échéance de sa récupération. Je sais qu'il est prêt à assister coûte que coûte au combat.

– Alors, maintenant tu avoues ton impuissance ! Ton fils, tu n'es pas capable de lui interdire d'aller aux arènes !

Devant la rage désespérée de Diattou, Ndiogou a gardé son calme. Il a laissé les minutes passer, puis il s'est mis à faire une démonstration.

– Voyons, Diattou, ce n'est pas une question d'impuissance. Je pense qu'il faut le laisser aller à ce combat et essayer à nouveau de le raisonner. Vois-tu, depuis quelques jours, je réfléchis au sort de cet enfant et je me sens parfois mal à l'aise. J'ai essayé de me mettre à sa place. Tout ce dont je me passe aujourd'hui faisait mon bonheur quand j'avais son âge. Je ne vivais pas dans le désert. La grande communauté ne m'a jamais révolté quand j'étais jeune. Mon père, à la suite de ses ancêtres, disait que l'homme est le remède de l'homme et tout le monde avait fait sienne cette vérité. Je me sentais heureux parmi tant de frères et de cousins, tant de connaissances et de voisins qui, tous, d'une manière ou d'une autre, donnaient un sens à mon existence... Je me sentais comblé au milieu du groupe. Mes sentiments grégaires, je n'ai commencé à les repousser que longtemps après, quand j'ai acquis assez de force pour être autonome. Nalla n'a pas encore cette force. Il est à un âge où l'on doit nécessairement s'appuyer sur quelque chose pour ne pas tomber. Il sent comme un besoin ce que je réalisais quand j'avais son âge. Moi aussi, j'allais voir les lutteurs ; j'adorais écouter les conteurs ; les griots me fascinaient par l'air de solennité qui se dégageait de leur personne et par leur prodigieuse capacité d'emmagasiner l'histoire… Il est vrai que leur fonction souffre actuellement d'énormes carences… La seule différence avec Nalla, c'est que moi, je ne sacrifiais pas mes études parce que je n'osais pas enfreindre la volonté de mon père, et de ma mère, et de tous les autres. Nos parents nous chargeaient d'une mission dès le départ dans la vie : représenter honorablement la communauté dans l'intérêt supérieur de la condition humaine. Et ils nous offraient des modèles. Qu'avons-nous jamais dit à Nalla ? Nous l'avons élevé selon des principes abstraits, flous, vagues… Je crois que nous avons raté son éducation.

Diattou, éberluée, n'a pas répondu.

La nuit a été longue. Ils se sont réveillés tous les trois très tôt, contrairement à leurs habitudes dominicales. Ils ont pris ensemble le petit déjeuner sur la véranda. Ils se sont regardés à la dérobée, sans rien se dire.

Quelques instants après, Nalla a franchi la porte de la maison tandis que Ndiogou l'observait de la fenêtre de sa chambre. Ndiogou s'est senti malheureux de se voir abandonné par son fils. Ses yeux se sont colorés et ses mains se sont crispées dans ses poches.

– Il est parti…

Diattou n'a pas répondu.

– Il n'y a cependant pas à désespérer. C'est de son âge, ajoute-t-il en ouvrant bien la bouche pour desserrer ses mâchoires.

– C'est ce que tu dis toujours.

– Ce combat, il le perçoit peut-être comme le grand événement de sa vie. Laissons-le s'en délecter. Après cela, il sera assouvi… Il paraît que, faute d'adversaire, Malaw n'a livré aucun combat depuis longtemps. Le mystère qui l'entoure aux yeux de Nalla vient de là. Je crois qu'il s'est identifié au lutteur… Lorsqu'il l'aura vu à l'œuvre contre un adversaire, il aura le même sentiment que si on lui offrait un repas très copieux après une faim de loup. Il sera rassasié et le mythe tombera… Ce sera encore plus facile si Malaw est vaincu.

Diattou n'a pas réagi. Allongée sur le lit, elle a l'air absente. Ndiogou élève la voix.

– Et ça peut arriver, que Malaw soit vaincu ! Il y a même de fortes chances qu'il soit vaincu. D'après ce que l'on dit, Tonnerre n'est pas une proie commode ; il est jeune et redoutable alors que l'autre a connu une longue période d'inactivité. Ce n'est pas bon pour un sportif…

– Tu es bien renseigné sur eux.

– Eux ne m'intéressent pas ; c'est mon fils qui m'intéresse… Pour ce qui est d'en être informé, j'en sais autant que tout le monde… Beaucoup moins, même. On en est matraqué par les médias.

Diattou s'est recroquevillée en poussant un soupir et elle a tiré la couverture jusque sur sa tête. Ndiogou est toujours à la fenêtre et survole le paysage en n'y voyant en réalité que des brumes. Tout à l'heure, il a vu Nalla presser le pas, puis courir en tournant à l'angle au bout de la rue. Maintenant, il est sorti de son champ de vision. Ndiogou reprend :

– Les enfants aiment les exploits et les héros… Ça donne une allure de demi-dieu… Tous les jeunes ont des dieux, mais des dieux sans éternité, qui trônent le temps de leur gloire. Si Malaw est vaincu, l'auréole s'évanouira. Nalla sera déçu et lui en voudra peut-être… Il lui en voudra sûrement d'avoir perdu ce qu'il considère comme « son propre » combat… Je me sentais pousser des ailes quand Fili inscrivait un but. Fili était le plus grand footballeur des années 30. Une véritable bête de stade. Quelle grâce sauvage, quelle puissance dans ses jambes ! Quand il amorça son déclin, personne ne comprit rien ; personne ne voulut rien comprendre. Son équipe perdit un jour un important match de finale. Cette défaite valut à Fili les pires injures et même des jets de pierres. Le public se sentait frustré et ne pouvait pas pardonner. Je faisais partie de ceux qui le méprisaient d'être descendu si bas. On ne pardonne pas à un dieu de redevenir un homme !

Il s'est retourné pour dire à Diattou que Malaw ne peut en aucun cas échapper à la règle des demi-dieux, et il n'a vu qu'une espèce de paquet difforme sous la couverture en laine. Il a posé son regard sur le climatiseur et s'est tâté les membres pour se convaincre que la température ambiante ne nécessite pas une telle posture.

Il sait qu'elle ne dort pas. Il est allé s'asseoir sur le lit en s'y jetant, dans l'espoir que Diattou se découvre en sentant la secousse. Il n'en a rien été. Il s'est relevé et a regagné la fenêtre. Sa pensée a encore vogué vers Nalla : « Peut-être est-il maintenant arrivé dans la maison des lutteurs en attendant l'heure des arènes. » Il l'a imaginé allant et venant au milieu de la grande foule. Dans la dernière livraison du journal, il a vu la photo du géant souriant parmi les centaines de personnes qui ont investi la maison depuis plusieurs jours. La grande franchise de ce sourire ne l'a pas laissé indifférent. Il s'est demandé si ce n'est pas ce sourire, répercuté par des centaines d'individus, qui a envoûté son fils. Il a levé les yeux au ciel sans savoir pourquoi et il a cru discerner des vapeurs autour du disque jaunâtre. Il s'est dit qu'il pourrait bien pleuvoir. L'idée d'une pluie brusque, violente, abondante, l'a doublement comblé. Le faste aux arènes en serait terni. Les bêtes boiraient enfin, les pâturages verdiraient et les paysans seraient heureux ! Il s'est représenté la galopade que produirait une pluie torrentielle dans les arènes. La fête gâchée ! Il n'a pas pu s'empêcher d'arborer un sourire triomphal. « Il pleuvra ! »

Gonflé de cet espoir, il s'est retourné à nouveau.

– Diattou, tu dors ?

– Non. J'ai seulement des maux de tête.

Il s'est mis à évaluer l'intensité des sentiments qui peuvent lier une mère à son fils. « Ça doit être fort. Très fort. » Instinctivement, il a pensé à sa mère. L'idée que sa mère puisse souffrir en cet instant autant que Diattou l'a assailli. Son image s'est imposée ; un visage qui, au fil des ans, a perdu beaucoup de sa transparence. Depuis longtemps, sa mère ne se plaint plus de le voir si peu. Elle ne l'exhorte plus à rendre visite à ses oncles, tantes, sœurs et cousins. Elle ne lui présente plus ses petits neveux qu'il ne connaît pas et qui emplissaient la maison de leur rumeur. Il n'avait pas été choqué le jour où Diattou avait arraché Nalla de l'étreinte d'un de ses cousins parce qu'il était morveux et sale. Il en est contrit maintenant. « Il faut du temps pour voir ses erreurs. » De quand date la dernière visite à sa mère ? « Cinq mois. Un peu moins de cinq mois… » Peut-être qu'en ce moment même Nalla est-il en train de se frotter contre des sueurs aigres et qu'il est quand même heureux. « J'aimerais bien voir comment il se comporte au milieu de cette foule souriante de la photo du journal. »

– Diattou, et si on allait aux arènes ?

– Quoi !

– Aux arènes. Rien que pour voir la mine de Nalla. Pour nous assurer qu'il est encore capable de s'amuser.

Les arènes ont été prises d'assaut dès les premières heures de la matinée. Ndiogou a garé sa Landrover très loin. Il a été frappé par le nombre impressionnant des véhicules venant de toutes les régions et remplissant un rayon de plus de deux cents mètres autour des arènes. Il a subi les remous de la cohue quand il a voulu accéder aux guichets.

– Tu perds ton temps, mon frère, lui crie-t-on. Tu n'atteindras jamais les guichets ; prends un billet auprès des revendeurs.

Un de ceux-ci s'est planté devant lui.

– Tribune couverte, dit-il.

– Je veux un billet numéroté.

– Un billet numéroté !

Le revendeur éclate de rire et ajoute :

– Ils sont épuisés depuis 1912.

Il a communiqué sa bonne humeur à Ndiogou. Celui-ci sourit. Le revendeur insiste :

– Prends un billet pour la tribune couverte.

– Combien ?

– Trois mille francs.

– Trois mille francs ! Tu plaisantes… Dans le journal on a écrit que le billet est à deux mille francs.

– Non, frère. Je les ai tous vendus a trois mille cinq cents francs. Ce billet est le dernier qui me reste, c'est pourquoi je consens à te le céder à ce prix… Si tu ne le prends pas, un autre le prendra tout de suite.

Ndiogou a pris le billet en pensant que le prix est tout de même excessif. Il ne s'est cependant pas attardé à cette considération. Il a concentré toute son énergie à réfléchir à la manière dont il pourrait traverser la marée humaine qui se trouve devant lui. Prenant son courage à deux mains, il s'est engagé dans la bousculade et, tel un navire en perdition, il a suivi passivement les bonds et les ressacs de la foule. Il a échoué dans les arènes. Elles sont pleines à craquer. Impensable de chercher à monter sur la tribune couverte. Il a fermé un moment les yeux, le temps que son étourdissement passe. Il a senti une main saisir son bras.

– Docteur !

Il a ouvert les yeux. C'est Sogui, un infirmier du Centre d'Élevage.

– Ah, bonjour, Sogui.

– Vous venez d'arriver ?

– Oui.

– Vous êtes venu tard… Venez, je vous cède ma place.

– Ah non ! Je suis bien ici… Je vous remercie.

– Si ! Docteur. Venez. Je me débrouillerai ensuite pour chercher une autre place… Il est à peine quatorze heures. Le combat ne commencera pas avant dix-huit heures. Vous ne pourrez pas rester debout pendant tout ce temps, sous cette chaleur.

Ndiogou a regardé le ciel. Le soleil a la clarté et la fulgurance d'un éclair.

– Ça ira ! Sogui. Vraiment je vous remercie.

– Partageons alors ma place. On se serrera.

Devant l'insistance de Sogui, Ndiogou a fini par céder. Ils se sont frayé difficilement un chemin parmi la foule compacte et se sont retrouvés devant une toute petite place, sur un banc.

– Asseyez-vous, docteur… Frères, voulez-vous vous serrer encore un peu ?

– On est déjà comme des sardines ! Quelques-uns ont grogné tout en faisant semblant de se pousser.

– Un peu seulement, supplie Sogui.

Sur l'aire de jeu, deux jeunes lutteurs s'affrontent. Des gouttes de sueur suintent sur leur corps musclé. Le public en effervescence leur exprime sa sympathie en applaudissant à chacune de leurs feintes. Les tam-tams exécutent un morceau mélancolique pour soutenir les chanteuses qui, d'une voix langoureuse, leur rappellent qu'ils sont des hommes et qu'un homme est fait pour lutter et pour vaincre.

D'autres combats préliminaires suivront, dans la même atmosphère de ferveur et de joie débordante. Ndiogou est ému de l'enthousiasme qui imprime une marque d'innocence sur le visage des spectateurs. Et il guette son fils. Le désir de le voir le mord étrangement. Il croit qu'il viendra en même temps que Malaw.

– Quand viendront-ils ? hasarde-t-il autour de lui. Plusieurs voix lui répondent :

– Bientôt ! Ils ne sauraient tarder.

Il est dix-sept heures et trente minutes. Aussitôt après avoir mêlé sa voix aux autres, Sogui s'est repris :

– Vous parlez de Malaw et de Tonnerre…

– Oui.

– Ils viendront tout à l'heure.

Il y eut encore deux combats de jeunes amateurs, et tout à coup, Ndiogou s'est demandé s'il n'était pas victime d'une hallucination. Les tambours rauques du Sud ont roulé comme une tornade et il a vu se dresser simultanément des milliers et des milliers de branches d'arbres portant leur feuillage touffu, au milieu des hourras. Comme une forêt qui se lève et qui danse. Le spectacle est fascinant. Ndiogou en a senti son souffle s'accélérer.

– Tonnerre est arrivé !

– Mais par où est-il donc passé ?

Il n'est passé par aucune porte. Il a voulu ainsi déjouer l'action néfaste des maraboutages que l'adversaire aurait pu mettre autour des portes. Il a sauté la palissade en brandissant une branche touffue comme ses milliers de supporters. Des applaudissements déchirent l'atmosphère.

– Tooo-nnerre ! Tooo-nnerre ! Tooo-nnerre !

Tonnerre salue la foule, fait trois fois le tour des arènes et s'installe dans un coin, entouré d'une armée de suivants et de marabouts qui déversent sur son corps des dizaines de flacons de décoctions mystérieuses.

Peu de temps après, une autre bombe éclate. Ndiogou prête attention.

– Maaa-law ! Lion du Kajoor ! Fils de Ndiaga Lô !

Le géant fait son entrée, et c'est véritablement un raz-de-marée de vivats qui l'accueille. Il porte un sabador gris, il s'est ceint la tête d'une bande d'étoffe blanche nouée à certains endroits ; il est blanc de lait caillé et ses cheveux hirsutes maquillés de blanc achèvent de lui donner une allure surnaturelle.

– Malaw Lô ! Lion du Kajoor ! « Kor » ! Madjiguéne Lô !

Le géant avance. Il est au centre des arènes. Son bras se tend et se détend tandis qu'il se tourne de tous les côtés vers les spectateurs. Il leur dit :

Amis, tapez des mains
Moi fils de Ndiaga Lô
Je viens chercher le gain
Cher à Diaminar Lô.

Une ivresse générale s'empare de la foule qui acclame, qui acclame. Ndiogou cherche à se justifier lui-même ses applaudissements. « Je n'ai pas à me faire remarquer en restant comme de glace... Tout le monde applaudit, j'applaudis. » Il n'a pas encore aperçu son fils.

Malaw fait le tour des arènes en dansant, puis il retourne au centre et reprend :

Amis, tapez des mains
La noble Mané Diagne

Bénie par les sept saints[1]
Attend que son fils gagne.

Les arènes sont surchauffées. Ndiogou se dit n'avoir jamais rien vu de tel, même quand il était plus jeune. Sur les stades non plus, il ne se rappelle pas avoir vu un délire de joie si intense, si sincère, si spontané. « Et Dieu sait ce qui se passe dans les stades… »

Malaw a rejoint son camp dans un autre coin des arènes. Ndiogou ne l'a pas quitté des yeux, lui et ceux qui l'entourent. Malaw oriente une corne garnie de cauris vers les autres points cardinaux. Après cela, il jette sept pierres vers le couchant, avec une très grande énergie. Ensuite, il s'assied et un garçon lui verse le contenu d'une bouteille. C'est Nalla. Ndiogou a senti un frisson en reconnaissant son fils. « Il est donc allé si loin avec le lutteur ! » Quand Nalla a vidé la bouteille sur Malaw, il a levé les bras en vainqueur et, tout sourire, il est allé s'agripper au cou d'un monsieur en qui Ndiogou a aussitôt reconnu Monsieur Niang. Ndiogou transpire abondamment. Il se passe quelque chose de confus en lui. Surprise ? Angoisse ? Il craint d'avoir trahi le trouble qui l'assomme.

Il a jeté un coup d'œil autour de lui pour déceler dans les regards la bizarrerie de son comportement et a rencontré le visage de Sae, médecin réputé dans la capitale, spécialiste des maladies mentales. Il est resté vingt-cinq ans en Occident et en est revenu avec une femme blanche. Il est là assis, l'œil fixé sur Tonnerre qui s'embaume d'encens, et s'étonnant qu'à vingt-huit ans un être humain puisse déplacer une telle masse de chair et d'os, avec autant de légèreté. Il a fait le déplacement et il est venu à Louga, avec sa femme, pour voir le combat.

Plus loin, il a aperçu Fara, le plus décrié des inspecteurs d'État. Beaucoup d'hommes importants ne lui pardonneront

---

[1] Saint-Louis est réputée avoir été bénie par sept saints.

jamais de les avoir coulés. Un homme sans cœur, dit-on ; dur comme le roc et qui dévoilerait les malversations de son propre père s'il le fallait. Fara est là, excité, et applaudissant comme un forcené lorsque Malaw, après le coup de sifflet de l'arbitre, s'est adressé au public avant d'aller se placer sur l'aire du jeu.

Amis, tapez des mains
Je viens chercher le gain
Vive Diaminar Lô
Et brille le flambeau.

Ndiogou a cru que les arènes allaient s'écrouler. Puis un grand silence a régné. Les deux lutteurs ont commencé à se tester. Ils ne portent qu'un pagne noué en forme de caleçon. Les tam-tams se sont tus, mais les cantatrices fredonnent des airs d'épopée au-dessus de la tête des lutteurs.

Nalla exulte auprès de Monsieur Niang. Tout à l'heure, il a martelé du pied le sable et a crié quelque chose en direction de Malaw.

Ndiogou a encore fouillé dans la foule, et il a aperçu Anthiou, avocat général à la Cour. Il a passé son agrégation de Lettres classiques avant d'entreprendre des études de droit. Son éloquence draine au Palais des centaines de personnes qui n'y vont que pour avoir le plaisir de l'entendre. Il est venu de la capitale pour le combat. De temps en temps, il hurle avec la foule, car Malaw est dans une mauvaise posture. Tonnerre lui a asséné un coup de poing qui l'a atteint à l'arcade sourcilière. Le sang gicle. Malaw s'est épongé le visage et le combat continue. Nalla est debout, le regard flou, la bouche ouverte. Monsieur Niang se penche de temps en temps pour lui dire quelque chose à l'oreille, mais il ne semble pas l'entendre.

Tonnerre a bien agrippé maintenant la ceinture du géant. La foule tremble. Ça y est, le lion va tomber ! Tonnerre tire, tire, tire. Malaw chancelle… Il va tomber ! Tonnerre a investi toute sa force sur ses bras qui tirent la ceinture du géant. En une fraction de seconde, Malaw soulève le buste, et sa tête fonce dans le nez de Tonnerre. Celui-ci s'écroule de douleur. Alors, dans la foule qui crie et gesticule, Ndiogou reconnaît Monsieur Gartinet, parmi d'autres toubabs. Monsieur Gartinet est professeur à l'Université. Il est connu pour son racisme. Il en a démoli, des étudiants, « petits nègres incapables de soutenir une argumentation logique et cohérente ».

Monsieur Gartinet est là, en sueur, et il vibre de la passion de la foule.

Ndiogou suit le courant fou qui le mène chez Malaw. Il n'a pu mettre la main sur son fils que vers deux heures du matin, lorsqu'une bonne partie des supporters s'est retirée ; il l'a étreint, et lui a dit :

– Ton ami est un grand champion… Je t'accompagnerai dorénavant aux arènes, et tu feras tes devoirs avec moi. Veux-tu ?

– Oui, papa !….

Ndiogou et Nalla sont encore dans le salon qu'ils n'ont pas quitté depuis leur arrivée. Diattou est passée près d'eux, les yeux cernés, le visage flasque et le dos recourbé. Son rouge à lèvres déborde. Elle est vêtue d'une chemisette et d'une jupe plissée.

– Où vas-tu à cette heure-ci ? demande Ndiogou.

– À la maternité.

– Mais, il n'est que six heures et trente minutes !

Diattou n'a pas répondu. Elle a continué son chemin.

PARCOURS 4

CHAPITRE 16

COMPRENDRE

Expliquez les mots et expressions : *décoctions* (p. 152) ; *l'opérateur de miracles* (p. 152) ; *forêts denses d'énigmes, de symboles et de mystères* (p. 153) ; *message codé des forces de la nuit* (p. 153) ; *censure* (p. 153) ; *manège* (p. 153) ; *lorgné* (p. 153) ; *pestant* (p. 154) ; *perfide* (p. 154).

ANALYSER

L'atmosphère

De quelle manière l'auteur organise-t-il le crescendo dramatique ? Relevez les marqueurs de l'intensité.

Le temps

Montrez comment progresse et s'organise le récit. Vous proposerez un découpage du texte en différentes parties auxquelles vous donnerez un titre.

L'intrigue

- Qu'apprend-on sur l'enfance et la famille de Ndiogou dans ce chapitre ?
- Est-ce important pour la compréhension du personnage ? Pourquoi ?

ÉTUDIER LES PERSONNAGES

Malaw et Galadio

- Comparez les deux combattants. Qu'est-ce qui les rapproche ? les oppose ?
- Qualifiez l'état d'esprit de Malaw. Illustrez votre réponse de citations.
- Montrez que le portrait de Galadio est ambigu, positif et négatif.

Ndiogou

- Quels mots et expressions rapportant les pensées, paroles, gestes de Nalla et de Ndiogou montrent que Nalla se sent fort, alors que Ndiogou « ronge sa jalousie et sa colère » (p. 154) ?

- Ndiogou est-il un personnage impulsif ? Montrez-le.
- Comment Ndiogou perçoit-il Malaw ?
- Quel passage montre que Ndiogou est tout de même influencé par son éducation ?
- Par quel biais Ndiogou poursuit-il sa remise en question ?

SYNTHÈSE

- Relevez le champ lexical du mystère. Montrez la fascination et l'inquiétude que cela suscite.
- Quelle signification donnez-vous à la préparation de Malaw avant le combat ? L'auteur rentre-t-il dans les détails ?
- Quel est cet « autre monde » (p. 152) que découvre Nalla ?
- Que signifie l'invocation des éléments (eau, air, terre) par Malaw ?

POUR ALLER PLUS LOIN

Faut-il enfreindre les lois familiales, savoir briser les tabous et affirmer sa volonté propre pour surmonter le cap de l'adolescence et devenir adulte ? C'est ce que semble vouloir signifier l'auteur dans ce chapitre. Qu'en pensez-vous ?

ÉCRIRE

1. « Pour le père, l'homme n'a qu'un remède et c'est l'homme. » (p. 155) Comment comprenez-vous cette maxime ? Comment cette phrase éclaire le débat entre individualisme et communautarisme ? Discutez.
2. « Trois individus dans un univers, c'est lourd. On peut s'y perdre. Nalla refuse de s'y perdre. Lui, il veut peupler le sien, non pas seulement d'homme, mais aussi de mythe et de poésie. » (p. 155). Et vous, de quoi peuplez-vous votre univers ?

RECHERCHER

Relevez les références spirituelles traditionnelles dans ce chapitre et précisez-en le sens.

Qu'appelle-t-on le syncrétisme ? Faites des recherches sur la persistance de certaines croyances traditionnelles dans les sociétés d'Afrique de l'Ouest essentiellement monothéistes.

PARCOURS 4

CHAPITRE 17

COMPRENDRE

1. **Expliquez les mots et expressions :** *explosé* (p. 157) ; *narguer* (p. 157) ; *dédramatiser* (p. 157) ; *désemparé* (p. 157) ; *chancelé* (p. 158) ; *traumatisée* (p. 158) ; *tintamarre* (p. 158) ; *lubies* (p. 159) ; *concrétiser* (p. 159) ; *incidences* (p. 159) ; *hagard* (p. 159) ; *macabre* (p. 159) ; *sublime* (p. 159) ; *calomnie* (p. 160) ; *relents* (p. 160) ; *lugubre* (p. 160) ; *aberration* (p. 160).

2. **Répondez aux questions suivantes :**
- En quoi l'étymologie de l'adjectif « irritable » en éclaire le sens ?
- Quel est le sens littéral du mot « tuteur » ? Quel est son sens métaphorique ?

ANALYSER

- Repérez et titrez les deux parties principales de ce chapitre.
- Quelle phrase fait la transition entre ces deux parties ? Quel est le sens de cette métaphore ?
- Montrez que ce chapitre s'organise autour d'effets de miroir.

ÉTUDIER LES PERSONNAGES

Diattou

- Comment l'auteur dépeint-il la solitude croissante de Diattou ?
- Peut-on parler de paranoïa au regard du comportement de Diattou ? Relevez les champs lexicaux qui l'attestent.
- Quels autres qualificatifs pouvez-vous donner au personnage ? Justifiez vos réponses.
- Diattou semble aux prises avec de multiples contradictions. Lesquelles ? Par quels procédés l'auteur les met-il en évidence ?
- Diattou dénonçait les comportements fanatiques et les outrances verbales des partisans de la tradition mais semble tomber dans les mêmes travers. Montrez-le.

Ndiogou

- Montrez que Ndiogou est un être mesuré.
- Quel passage montre sa sensibilité à la souffrance d'autrui ?
- Comprend-il la souffrance de sa femme ? Justifiez.

SYNTHÈSE

- Quelles valeurs Diattou semble-t-elle placer au-dessus des autres ?
- Expliquez le rôle de la communauté dans l'éducation des enfants. Quelle phrase l'exprime clairement ?
- Quel passage relève clairement du registre comique ?
- Pensez-vous que l'auteur condamne le comportement de Diattou ou porte-t-il un regard plus nuancé ?

POUR ALLER PLUS LOIN

Lorsqu'il évoque le rapport des éleveurs à leur bétail et les souffrances ressenties lors de la perte des animaux, Ndiogou affirme : « Les bêtes, c'est leur vie. C'est le sens de leur vie… Quelque chose de plus intense que l'amour ou l'amitié. Quelque chose de sublime. Difficile à définir. » (p. 159)

Quels sont les différents sens du mot « sublime » ? Comment le comprenez-vous dans le contexte ?

Est-ce que ce jugement esthétique est surprenant pour décrire la situation de ces hommes ?

Cherchez des exemples en littérature ou en peinture d'œuvres mettant en scène des sujets difficiles mais qui expriment une certaine beauté.

ÉCRIRE

1. Lorsque Mame Fari lui reprochait l'indécence de sa tenue vestimentaire, Diattou lui avait rétorqué : « Le monde n'est plus ce qu'il était hier. Personne ne peut arrêter le progrès. Il faut vivre dans son siècle sous peine de s'éteindre. Notre siècle, c'est celui du progrès et de la liberté. » Les espaces de liberté revendiqués aujourd'hui par les jeunes sont-ils les mêmes aujourd'hui ? Cette déclaration de Diattou vous semble-t-elle toujours d'actualité ?

2. Avez-vous un livre de chevet ? Pourquoi ce livre vous a-t-il particulièrement marqué ? Racontez.

RECHERCHER

Mame Fari demande au conseil des anciens de donner son avis sur le comportement de Diattou.

Faites des recherches pour savoir comment se réglaient les conflits dans les villages avant l'indépendance. Comment s'organisait la vie de la communauté ? Comment les décisions collectives étaient-elles prises ?

PARCOURS 4

CHAPITRE 18

COMPRENDRE

1. **Expliquez les mots et expressions :** *camisole* (p. 163) ; *indigo* (p. 163) ; *séant* (p. 164) ; *écarquillés* (p. 164) ; *extatique* (p. 165) ; *exubérance* (p. 161) ; *lantaniers* (p. 165) ; *gloutonnement* (p. 162) ; *émancipation* (p. 166) ; *euphorie* (p. 167) ; *quémandeuse* (p. 167) ; *hypnotiques* (p. 167) ; *exténué* (p. 168) ; *perclus* (p. 168) ; *fanals* (p. 168) ; *maturation* (p. 169).

2. **Répondez aux questions suivantes :**
- Qu'est-ce qu'une *odyssée* ? À quelle héros littéraire ce terme est-il associé ?
- Donnez l'étymologie des termes « béatitude », « mélopée » et « automate ».

ANALYSER

Le cadre spatio-temporel
- Délimitez et titrez les différentes parties de ce chapitre.
- Où et quand chacune de ces parties se déroule-t-elle ?

L'intrigue
- Qu'apprend-on dans ce chapitre des motivations de Malaw ?
- Pourquoi cela étonne Nalla ? Comprenez-vous sa déception ?
- Quels registres successifs sont utilisés dans ce chapitre ?
- Quelle nouvelle dimension la lutte acquiert-elle à travers le témoignage de Malaw ?

ÉTUDIER LES PERSONNAGES

Malaw
- Montrez que Malaw s'inscrit dans la lignée de ses ancêtres.
- Il s'oppose ainsi à ses frères et notamment à sa sœur. Celle-ci est-elle présentée comme coupable ou victime ?

Le père de Malaw

- Montrez que le père de Malaw ressemble à un prophète. Quels indices textuels vous ont permis de répondre ?
- En quoi symbolise-t-il la fin d'un monde ?
- De quelle manière s'exprime la détresse du personnage ?
- À quel autre personnage du roman vous fait-il penser ?

SYNTHÈSE

- Ce chapitre achève de présenter la généalogie de Malaw. À votre avis, pourquoi l'auteur a-t-il choisi d'alterner cette histoire avec celle de Nalla ?
- Quelles leçons peuvent être tirées de ce chapitre ?
- Quels rapprochements peut-on faire entre le récit de Malaw et l'intrigue principale du roman, le conflit entre Nalla et ses parents ?
- La dégradation des valeurs telle que décrite ici doit-elle être interprétée comme une condamnation de la modernité ou le jugement de l'auteur vous semble-t-il plus nuancé ? Argumentez.

POUR ALLER PLUS LOIN

Quelles évolutions notez-vous dans le récit de Malaw par rapport aux chapitres précédents ? Est-on toujours dans le registre du mythe ?

En littérature, on parle d'œuvres réalistes pour qualifier des textes qui se veulent le miroir le plus fidèle possible du monde réel. Ils s'opposent donc aux récits mythiques ou merveilleux, aux fables ou aux contes. Pourrait-on dire que ce chapitre est un « conte réaliste » ? Discutez cette apparente contradiction.

ÉCRIRE

Partagez-vous le jugement sévère du père de Malaw sur la vie en ville ? Présentez des arguments opposés et illustrez-les d'exemples précis. Vous direz en conclusion votre avis personnel.

Quelles traditions, quelles valeurs ancestrales étaient autrefois attachées à la pratique de la lutte ? Est-ce encore le cas aujourd'hui ?

Pour étayer vos réponses, recherchez des documents (articles de presse, extraits de livres ou de dictionnaires…)

PARCOURS 4

CHAPITRE 19

COMPRENDRE

Expliquez les mots et expressions : *échéance* (p. 170) ; *grégaires* (p. 170) ; *autonome* (p. 170) ; *solennité* (p. 170) ; *carences* (p. 171) ; *enfreindre* (p. 171) ; *condition humaine* (p. 171) ; *principes abstraits* (p. 171) ; *habitudes dominicales* (p. 171) ; *à la dérobée* (p. 171) ; *délecter* (p. 171) ; *assouvi* (p. 171) ; *rassasié* (p. 171) ; *proie commode* (p. 172) ; *matraqué par les média* (p. 172) ; *recroquevillée* (p. 172) ; *frustré* (p. 172) ; *difforme* (p. 173) ; *faste* (p. 173) ; *arborer un sourire triomphal* (p. 173) ; *exhorte* (p. 174) ; *étreinte* (p. 174) ; *contrit* (p. 174).

ANALYSER

- Quels sont les personnages présents dans ce chapitre ?
- Décrivez la manière dont se distribue la parole dans leur dialogue. Est-ce une répartition équilibrée ?
- Montrez comment Ndiogou tente de convaincre Diattou.

ÉTUDIER LES PERSONNAGES

Ndiogou

- Quels raisonnements ou stratégies élaborent Ndiogou dans ce chapitre ? Qu'est-ce que cela indique sur sa personnalité ?
- Montrez que les raisonnements de Ndiogou masquent son impuissance. Quel ultime espoir le prouve avec ironie ?
- Pourquoi Ndiogou pense-t-il avoir manqué l'éducation de Nalla ? Quelles erreurs pense-t-il avoir commises ?

Diattou

- Que révèle la réaction de Diattou à la démonstration de Ndiogou ?

- Quelle posture adopte Diattou dans ce chapitre ?
- Montrez que parfois Diattou est assimilée à un objet. Comment s'appelle ce procédé littéraire ?

SYNTHÈSE

- Montrez que les positions de chacun des protagonistes dans l'espace reflètent leur état d'esprit.
- Précisez notamment leur relation à l'extérieur.
- Interprétez vos réponses précédentes à la lumière de la biographie des deux protagonistes.
- Quels modèles éducatifs et quelles valeurs avait reçu Ndiogou lorsqu'il était enfant ?
- Peut-on dire que Nalla a reçu un modèle européen dans un contexte africain ?

POUR ALLER PLUS LOIN

La rhétorique est l'art de convaincre par la parole. Dans ce chapitre, Ndiogou tente de rallier Diattou à son avis.
- Analysez la « démonstration » (p. 170) de Ndiogou.
- Comment organise-t-il son raisonnement ?
- Montrez qu'il suit une structure très précise en alternant les arguments et les exemples avant de conclure.
- Diriez-vous que la démonstration de Ndiogou est efficace ?

ÉCRIRE

« Les enfants aiment les exploits et les héros » (p. 172). Avez-vous des héros ? Qui sont-ils ? Vous ont-ils déçu ? Que vous apportent-ils ? Racontez.

RECHERCHER

Rédigez un questionnaire sur l'éducation (modèles reçus ; valeurs trans-
mises ; rôles respectifs du père et de la mère ; rapports entre frères et
sœurs etc.) et interrogez plusieurs personnes de générations différentes.
Analysez les évolutions que révèlent les réponses obtenues.

PARCOURS 4

CHAPITRE 20

COMPRENDRE

Expliquez les mots et expressions : *cohue* (p. 175) ; *consens* (p. 175) ; *ressacs de la foule* (p. 176) ; *fulgurance* (p. 176) ; *frayé* (p. 176) ; *suintent* (p. 176) ; *en effervescence* (p. 176) ; *feintes* (p. 177) ; *mélancolique* (p. 177) ; *langoureuse* (p. 177) ; *préliminaires* (p. 177) ; *ceint* (p. 178) ; *hirsutes* (p. 178) ; *délire* (p. 179) ; *cauris* (p. 179) ; *déceler* (p. 179) ; *maladies mentales* (p. 179) ; *s'embaume d'encens* (p. 179) ; *décrié* (p. 179) ; *coulés* (p. 180) ; *malversations* (p. 180) ; *forcené* (p. 180) ; *se tester* (p. 180) ; *fredonne* (p. 180) ; *épopée* (p. 180) ; *exulte* (p. 180) ; *martelé* (p. 180) ; *agrégation de Lettres classiques* (p. 180) ; *éloquence* (p. 180) ; *draine* (p. 180) ; *gesticule* (p. 181).

ANALYSER

L'espace
L'essentiel de l'action se passe dans les arènes. Comment l'auteur en organise-t-il la description ?

Le temps
- Comment l'auteur organise-t-il la montée de la tension et du suspense ?
- Identifier l'alternance des rythmes de narration. Pour vous aidez, vous pouvez délimiter les principales parties du chapitre.
- Parvient-il à restituer l'atmosphère d'un combat ? Pourquoi ?

ÉTUDIER LES PERSONNAGES

Ndiogou
- Montrez comment Ndiogou s'intègre progressivement dans la foule des spectateurs.
- Est-il gagné par la ferveur ambiante ? Montrez-le.

Nalla

Comment interprétez-vous le comportement de Nalla durant de chapitre ?

Diattou

- Que traduit le bref portrait de Diattou à la fin du roman ?
- Pensez-vous qu'elle dit la vérité ? Pourquoi ?

SYNTHÈSE

- Quels personnages importants du roman cités dans ce chapitre n'ont pas un rôle de premier plan. Pourquoi ?
- Montrez que la lutte est un sport populaire qui réunit l'ensemble de la population.
- Chaque personne que reconnaît Ndiogou symbolise un groupe social. Faites-en la liste.
- Relevez le champ lexical de la mer dans la description de la foule. Expliquez ce choix.

POUR ALLER PLUS LOIN

On parle souvent du premier chapitre d'un roman comme du chapitre d'exposition car il présente la situation, les personnages principaux ou les conflits éventuels. Le dernier chapitre a pour fonction de résoudre les intrigues nouées au cours du texte.

- Qu'est-ce qui montre que ce chapitre clos les aventures des protagonistes ?
- Y a-t-il des éléments de l'intrigue qui ne sont pas résolus ? Lesquels ? Diriez qu'il s'agit d'une fin ouverte ou fermée ?
- Relisez le premier chapitre du roman et pointez les principales différences. Que concluez-vous ?

ÉCRIRE

Imaginez la suite de l'histoire pour chacun des personnages principaux du roman. À votre avis, Nalla deviendra-t-il lutteur professionnel ? Son père sera-t-il plus présent dans son éducation ? Que va devenir Diattou ? Malaw va-t-il continuer la lutte ?

RECHERCHER

1. Faites des recherches sur l'épopée de Lat Dior. Qui était ce personnage ? À votre avis peut-on établir des rapprochements entre ce personnage et le personnage de Malaw ?
2. La corrida pratiquée en Espagne ou le sumo, sport de combat japonais, ont le même type de puissance symbolique que la lutte. Renseignez-vous sur ces deux sports et leur histoire.

SYNTHÈSE DE PARTIE

1. Qu'avez-vous appris dans cette partie permettant de mieux comprendre les ressorts de l'intrique ? Complétez les informations biographiques des protagonistes.

2. Donnez un titre à chacun des chapitres de cette partie.

3. Les épreuves traversées par Nalla semblent l'avoir muri ; les rencontres qu'il a faites l'ont enrichi. Montrez-le par des citations précises.

4. Cette partie s'intéresse davantage à Ndiogou et Diattou qu'à Nalla. Pourquoi ?

5. Comparez l'évolution du récit de Malaw avec celle de la situation de Nalla. Quelles conclusions pouvez-vous tirer ?

6. Pensez-vous que cette partie du roman évoque aussi la condition des femmes ? Étayez votre réponse d'exemples.

SYNTHÈSE GÉNÉRALE

COMPRENDRE

Le titre

- Qu'imaginiez vous du roman lorsque vous n'en connaissiez que le titre ?
- À quel moment du récit comprend-on son sens précis ? Indiquez le passage en question.
- Cherchez quel célèbre roman américain du début du xxᵉ siècle a un titre très proche. Faites-en un bref résumé et vous direz si cela vous semble un hasard ou si vous pensez qu'il s'agit d'un choix délibéré de la part de l'auteur.

ANALYSER

Le temps et l'espace

- Répertoriez et classez les lieux cités dans *L'Appel des arènes* selon qu'il s'agit de lieux ouverts ou de lieux fermés.
- Qualifiez chacun de ces lieux d'un adjectif caractérisant son atmosphère.
- Relevez les éléments biographiques de Nalla et de ses parents qui sont progressivement dévoilés au cours du roman. Reconstituez leur chronologie le plus précisément possible.
- L'auteur nous promène d'un lieu à l'autre, d'une époque à une autre, d'un personnage à l'autre, sans que nous perdions cependant le fil, sans égarer le lecteur. Comment Aminata Sow Fall, avec un art parfaitement maîtrisé des techniques de la narration, s'y prend-elle pour nous promener dans les méandres des cultures traditionnelles du fleuve Sénégal sans nous égarer ?

L'oralité

- L'oralité traditionnelle apparaît dans le roman sous différentes formes. Relevez ces passages et dites à chaque fois de quels genres ils relèvent.
- Montrez que c'est cette poésie du rythme et des images qui séduisent Nalla et le lecteur.

- Quelle est l'originalité de Monsieur Niang à ce sujet ? Peut-on dire qu'il est comme un double de l'auteur ? Argumentez.

Le modèle du conte initiatique

- Le conte initiatique est un élément fondamental de la culture africaine. Il répond à une structure cyclique depuis l'éloignement (la rupture) du héros, sa mort symbolique, jusqu'à sa réintégration et sa renaissance spirituelle. *L'Appel des arènes* peut-il être qualifié de conte initiatique ? Vous argumentez à partir de relevés précis dans le texte.
- Un conte est inséré dans le texte, lequel ? Quel en est l'argument ? Peut-on établir des rapprochements entre l'histoire de Coumba et celle de Nalla ? Lesquels ?

ÉTUDIER LES PERSONNAGES

Le héros : Nalla

- Nalla est un garçon très sensible à la poésie et à la beauté des chants et des gestes des lutteurs. Relevez plusieurs passages qui montrent comment son imagination se laisse emporter par les émotions artistiques.
- Nalla est un garçon secret qui au début du roman semble souffrir d'isolement, incompris par ses parents et même son professeur. Relevez des passages qui mettent en scène sa solitude.
- Pour se construire l'adolescent a besoin de modèles à suivre, d'un idéal à poursuivre, et de repères sociaux. Montrez qu'après sa rencontre avec André, Nalla initie pourtant son apprentissage et parvient à se situer dans la société, à intégrer une communauté.
- Quel est le prix de cette initiation ?

La mère de Nalla : Diattou Bari

- Diattou veut « faire de son fils un modèle conforme à sa propre conception de l'âge moderne » (p. 77). Montrez comment ses propos traduisent une opposition entre modernité et tradition, entre civilisation et barbarie, qui reconduit les préjugés de l'époque coloniale. En ce sens, peut-on dire de Diattou qu'elle est un personnage aliéné (cherchez le sens de ce mot) ?

- En rejetant les autres et en les méprisant, Diattou s'isole de plus en plus, relevez les signes de cet enfoncement dans la solitude.
- Le personnage de Diattou réunis des symboles de la vie et de la mort, précisez comment.

Le père de Nalla : Bari

- Le personnage de Ndiogou évolue dans le roman, précisez le sens de cette évolution.
- À travers son fils Nalla, Ndiogou apprend à renouer spirituellement avec ses racines. Relevez les passages qui le montrent.

L'instituteur : Monsieur Niang

- Monsieur Niang est un homme de synthèse. Il prend le temps de la réflexion et ses principes et méthodes pédagogiques le prouvent. Relevez un exemple d'enseignement adapté qu'il donne à Nalla.
- Monsieur Niang note dans un carnet ses réflexions sur la nécessité pour l'homme d'avoir des racines culturelles. Relevez et commentez un passage où ses conceptions sont exposées.

La grand-mère de Nalla : Mame Fari

- Le personnage de Mame Fari symbolise à la fois l'importance du souvenir et la nécessité de savoir oublier. Relevez des passages qui relèvent de ces deux tendances.
- Mame Fari est souvent comparée à André. Relevez au moins deux occurrences de ces rapprochements. Sur quoi précisément s'établissent-ils ?

Un guide spirituel : André

- À votre avis, pourquoi André se lie-t-il d'amitié avec Nalla ? De quel rôle se sent-il investi auprès du jeune garçon ?
- André initie une étape de socialisation dans la vie de Nalla, il lui permet de créer des liens avec la communauté et l'aide à trouver un équilibre. En ce sens, le « conkom » (boisson tirée de la sève du palmier) semble porter une dimension symbolique. Laquelle selon vous ?

Un modèle héroïque : Malaw

- Montrez comment Malaw continue la formation initiée par André en prenant en charge l'éducation orale de l'enfant et en lui faisant découvrir le mysticisme traditionnel.

Tradition et modernité : une réflexion humaniste

- Le lien avec le passé, loin d'être un facteur de régression, participe du présent et de l'avenir, qu'en pensez-vous ?
- Aminata Sow Fall invite le lecteur à réfléchir aux rapports entre héritage et innovation, entre réalité et idéal et rappelle la nécessité de faire des compromis pour trouver un point d'équilibre. Discutez.
- Le rapport de l'individu à la tradition et à l'avenir est au cœur de la réflexion de nombreux écrivains africains depuis plusieurs décennies. (Amadou Hampâté Bâ ou Cheikh Hamidou Kane, par exemple). Pourquoi à votre avis ? Cherchez d'autres auteurs ou d'autres œuvres qui abordent ces thématiques.

Littérature et questions de société

- L'écriture d'Aminata Sow Fall n'est jamais idéologique dans le sens où elle ne vise pas à imposer des réponses toutes faites, mais elle invite à la réflexion. Selon elle, le rôle de la littérature est de poser des questions à la société, d'inviter aux remises en question. Quelles sont les deux grandes thèses opposées présentées dans le roman ?
- Ces deux thèses ne sont pas forcément comme contradictoires. Montrez comment l'œuvre prône la synthèse et l'adaptation.

POUR ALLER PLUS LOIN

Imaginaire et formation

- Un des arguments majeurs du roman est que l'imaginaire participe de la formation des individus et au développement des sociétés. Montrez-le.
- Les contes ont une valeur pédagogique, ils permettent l'identification à des héros, offrent des modèles à suivre et des idéaux à poursuivre. Quelles « leçons » tirez-vous de *L'Appel des arènes* ?

Symbolisme dans *L'Appel des arènes*

- Montrez que la lutte, les rituels qui l'entourent et l'arène sur laquelle elle est pratiquée ont une valeur symbolique forte. Elle contient une représentation du monde et de l'homme très puissante.

- Montrez comment les arènes symbolisent pour Nalla l'entrée dans un cercle nouveau : la possibilité d'intégrer une communauté.
- Nalla est très affecté par la mort de son ami André, montrez comment cette expérience du deuil participe de son apprentissage et lui apprend que la vie et la mort sont des cycles.
- Comme la vie et la mort appartiennent au même cycle, le souvenir et l'oubli, apparemment contradictoires, relèvent en réalité d'une tension nécessaire à l'équilibre de la vie humaine. Dans quels passages cette idée est-elle avancée ? Qu'en pensez-vous ?
- *L'Appel des arènes* vous semble-t-il symbolique de certaines des évolutions de l'Afrique de la seconde moitié du xxᵉ siècle ? Lesquelles ?

RECHERCHER

1. Faites des recherches sur l'épopée de Lat Dior. Qui était ce personnage ? À votre avis peut-on établir des rapprochements entre ce personnage et le personnage de Malaw ?
2. La corrida pratiquée en Espagne ou le sumo, sport de combat japonais, ont le même type de puissance symbolique que la lutte. Renseignez-vous sur ces deux sports et leur histoire.

Groupement de textes

L'ENFANT ET LE MAÎTRE D'ÉCOLE

Jean de La Fontaine, *Fables*, Livre I, 1668.

Jean de La Fontaine (1621-1695) est l'un des plus célèbres écrivains français. Il est notamment l'auteur des Fables, poèmes à visée morale inspirés d'auteurs de l'Antiquité comme Ésope. Les fables mettent souvent en scène des animaux comme Le Lièvre et la Tortue ou Le Corbeau et le Renard.

> Dans ce récit je prétends faire voir
> D'un certain sot la remontrance vaine.
>
> Un jeune enfant dans l'eau se laissa choir,
> En badinant sur les bords de la Seine[1].
> Le Ciel permit qu'un saule se trouva
> Dont le branchage, après Dieu, le sauva.
> S'étant pris, dis-je, aux branches de ce saule,
> Par cet endroit passe un Maître d'école ;
> L'Enfant lui crie : « Au secours ! je péris. »
> Le Magister, se tournant à ses cris,
> D'un ton fort grave à contretemps s'avise
> De le tancer : « Ah ! le petit babouin !
> Voyez, dit-il, où l'a mis sa sottise !
> Et puis, prenez de tels fripons le soin.
> Que les parents sont malheureux qu'il faille
> Toujours veiller à semblable canaille !
> Qu'ils ont de maux ! et que je plains leur sort ! »
> Ayant tout dit, il mit l'enfant à bord.
>
> Je blâme ici plus de gens qu'on ne pense.
> Tout babillard, tout censeur, tout pédant
> Se peut connaître au discours que j'avance :
> Chacun des trois fait un peuple fort grand,

---

1 Fleuve français.

Le Créateur en a béni l'engeance.
En toute affaire ils ne font que songer
Aux moyens d'exercer leur langue.
Hé ! mon ami, tire-moi de danger,
Tu feras après ta harangue.

COMPRENDRE

1. **Expliquez les mots suivants :** *remontrance, choir, badinant, saule, péris, magister, contretemps, tancer, babillard, censeur, pédant, engeance, harangue.*
2. Les deux premiers vers de la fable constituent la morale que le récit illustrera. Que veut dire La Fontaine ? Qui est le sot ?

ANALYSER

- Le Maître d'école « tance » l'Enfant. Dans quels vers ? En quels termes ? Était-ce judicieux ?
- Qualifieriez-vous ce maître d'école de « babillard », de « censeur », de « pédant » ? Justifiez.
- D'où provient le comique de ce texte ? Justifiez par des relevés précis. Quel mot de la fable vous semble le symboliser tout particulièrement ? Pourquoi ?

POUR ALLER PLUS LOIN

Comparer la pédagogie de Monsieur Niang et celle du maître de la fable. Dîtes ce qui les oppose.

Jules Vallès, *L'Enfant*, 1879.

Jules Vallès (1832-1885) est un journaliste et écrivain français. Son œuvre littéraire la plus importante est une trilogie romanesque largement autobiographique. Composée de L'Enfant *(1879),* Le Bachelier *(1881) et* L'Insurgé *(1886), elle retrace la vie de Jacques Vingtras, son enfance malheureuse et ses engagements politiques.*

Jacques, alors lycéen, a été puni et est resté enfermé toute la nuit dans la salle d'étude. Pour tromper le temps, il met la main sur un roman…

Dans une fente, un livre : j'en vois le dos, je m'écorche les ongles à essayer de le retirer. Enfin, avec l'aide de la règle, en cassant un pupitre, j'y arrive ; je tiens le volume et je regarde le titre : *Robinson Crusoé*.

Il est nuit.

Je m'en aperçois tout d'un coup. Combien y a-t-il de temps que je suis dans ce livre ? – quelle heure est-il ?

Je ne sais pas, mais voyons si je puis lire encore ! Je frotte mes yeux, je tends mon regard, les lettres s'effacent ; les lignes se mêlent, je saisis encore le coin d'un mot, puis plus rien.

J'ai le cou brisé, la nuque qui me fait mal, la poitrine creuse : je suis resté penché sur les chapitres sans lever la tête, sans entendre rien, dévoré par la curiosité, collé aux flancs de Robinson, pris d'une émotion immense, remué jusqu'au fond de la cervelle et jusqu'au fond du cœur ; et en ce moment où la lune montre là-bas un bout de corne, je fais passer dans le ciel tous les oiseaux de l'île, et je vois se profiler la tête longue d'un peuplier comme le mât du navire de Crusoé ! Je peuple l'espace vide de mes pensées, tout comme il peuplait l'horizon de ses craintes ; debout contre cette fenêtre, je rêve à l'éternelle solitude et je me demande où je ferai pousser du pain…

La faim me vient : j'ai très faim.

Vais-je être réduit à manger ces rats que j'entends dans la cale de l'étude ? Comment faire du feu ? J'ai soif aussi. Pas de bananes ! Ah ! lui, il avait des limons frais ! Justement j'adore la limonade !

Clic, clac ! on farfouille dans la serrure.

Est-ce Vendredi ? Sont-ce des sauvages ?

C'est le petit pion qui s'est souvenu, en se levant, qu'il m'avait oublié, et qui vient voir si j'ai été dévoré par les rats, ou si c'est moi qui les ai mangés.

Alphonse Daudet, *Le Petit Chose*, **1868.**

Alphonse Daudet est un écrivain français très marqué par sa région de naissance, la Provence. Il est l'auteur de nombreux textes sur l'enfance ainsi que de contes et nouvelles comme les Lettres de mon moulin *(1869). Dans son roman* Le Petit Chose, *Alphonse Daudet raconte son enfance. Le Petit Chose dont le père, M. Esseytte, ruiné, a dû vendre sa fabrique, parcourt en toute liberté les ateliers déserts en compagnie du petit Rouget, le fils du concierge...*

Pour ma part, j'étais très heureux. On ne s'occupait plus de moi. J'en profitais pour jouer tout le jour avec Rouget parmi les ateliers déserts, où nos pas sonnaient comme dans une église, et les grandes cours abandonnées, que l'herbe envahissait déjà. Ce jeune Rouget, fils du concierge Colombe, était un gros garçon d'une douzaine d'années, fort comme un bœuf, dévoué comme un chien, bête comme une oie et remarquable surtout par une chevelure rouge, à laquelle il devait son surnom de Rouget. Seulement, je vais vous dire Rouget, pour moi, n'était pas Rouget. Il était tour à tour mon fidèle Vendredi, une tribu de sauvages, un équipage révolté, tout ce qu'on voulait. Moi-même, en ce temps-là, je ne m'appelais pas Daniel Eyssette, j'étais cet homme singulier, vêtu de peaux de bêtes, dont on venait de me donner les aventures, master Crusoé lui-même. Douce folie ! Le soir, après souper, je relisais mon *Robinson*, je l'apprenais par cœur ; le jour, je le jouais, je le jouais avec rage, et tout ce qui m'entourait, je l'enrôlais dans ma comédie. La fabrique n'était plus la fabrique ; c'était mon île déserte, oh ! bien déserte. Les bassins jouaient le rôle d'Océan. Le jardin faisait une forêt vierge. Il y avait dans les platanes un tas de cigales qui étaient de la pièce et qui ne le savaient pas.

Ces deux écrivains français du XIXe siècle, Jules Vallès et Alphonse Daudet, évoquent dans des romans autobiographiques des souvenirs d'enfance qui les ont marqués et qui sont liés à la lecture du célèbre roman de Daniel Defoe (1660-1731), *Robinson Crusoé* (1719).

ANALYSER

- Lisez ces extraits de roman et informez-vous sur le roman de Daniel Defoe, *Robinson Crusoé*. Rédigez-en un bref résumé.
- Montrez comment ces auteurs, chacun à sa manière, parviennent à mêler la littérature, l'imaginaire et le réel. Appuyez vos réponses de citations.

POUR ALLER PLUS LOIN

- *Robinson Crusoé* fit rêver de liberté des générations d'enfants. À quel(s) passage(s) de *L'Appel des arènes* ces extraits vous font-ils penser ?
- Bien que les situations exposées soient très différentes, vous montrerez que Jacques Vingtras, le Petit Chose et Nalla ont en commun le même besoin impérieux d'espaces et de liberté.

L'ENFANT NOIR

Camara Laye, *L'Enfant noir,* **Éditions Plon, 1953.**

Camara Laye (1928-1980) est un écrivain guinéen. Élève brillant, il termine ses études d'ingénieur en France avant de revenir dans son pays après l'indépendance. Diplomate, il est contraint à l'exil en raison de ses critiques envers le pouvoir. Son œuvre littéraire est essentiellement composée de romans comme Le Regard du roi. *Dans* L'Enfant noir, *Camara Laye raconte son enfance avec nostalgie et tendresse.*
Dans cet extrait, le narrateur relate l'initiation des jeunes garçons. Elle consiste à rencontrer, en surmontant sa peur, un monstre rugissant :
« Kondén Diara ».

Je grandissais. Le temps était venu pour moi d'entrer dans l'association des non-initiés. Cette société un peu mystérieuse – et à mes yeux de ce temps-là, très mystérieuse, encore que très peu secrète – rassemblait tous les enfants, tous les incirconcis de douze, treize ou quatorze ans, et elle était dirigée par nos aînés, que nous appelions les grands « Kondén ». J'y entrai un soir précédant le Ramadan.

Dès le soleil couchant, le tam-tam avait commencé de retentir, et bien qu'éloigné, bien que sonné dans un quartier lointain, ses coups m'avaient aussitôt atteint, m'avaient frappé en pleine poitrine, en plein cœur, comme si Kodoké, le meilleur de nos joueurs, l'eût battu pour moi uniquement. Un peu plus tard, j'avais perçu les voix aiguës des enfants accompagnant le tam-tam de leurs cris et de leurs chants... Oui, le temps pour moi était venu ; le temps était là !

C'était la première fois que je passais à Kouroussa la fête du Ramadan ; jusqu'ici, ma grand-mère avait toujours exigé que je passasse la fête, chez elle, à Tindikan. Toute la matinée et plus encore dans l'après-midi, j'avais vécu dans l'agitation, chacun s'affairant aux préparatifs de la fête, chacun se heurtant et se bousculant, et réclamant mon aide. Dehors, le brouhaha n'était pas moindre : Kouroussa est le chef-lieu du Cercle, et tous les chefs de canton, suivis de leurs musiciens, ont coutume de s'y réunir pour la fête. De la porte de la concession, je les avais regardés passer, avec leur cortège de griots, de balafonniers et de guitaristes, de sonneurs de tambours et de tam-tam. Je n'avais alors pensé qu'à la fête et au plantureux repas qui m'attendait ; mais à présent il s'agissait de tout autre chose !

La troupe hurlante qui entourait Kodoké et son fameux tam-tam, se rapprochait. Elle allait de concession en concession, elle s'arrêtait un moment dans chaque concession où il y avait un enfant en âge, comme moi, d'entrer dans l'association, et elle emmenait l'enfant. C'est pourquoi son approche était lente mais certaine, mais inéluctable ; aussi certaine, aussi inéluctable que le sort qui m'attendait.

Quel sort ? Ma rencontre avec « Kondén Diara » !

Or, je n'ignorais pas qui était Kondén Diara ; ma mère souvent, mes oncles parfois ou quiconque au vrai dans mon entourage avait autorité sur moi, ne m'avaient que trop parlé, que trop menacé de Kondén Diara, ce terrible croquemitaine, ce « lion des enfants ». Et voici que Kondén Diara – mais était-il homme ? était-il bête ? n'était-il pas plutôt mi-homme et mi-bête ? mon ami Kouyaté le croyait plus homme que bête –, voici que Kondén Diara quittait l'ombre des mots, le voici qui prenait corps, le voici, oui, qui, éveillé par le tam-tam de Kodoké, sans doute rôdait déjà autour de la ville ! Cette nuit devait être la nuit de Kondén Diara.

J'entendais maintenant très clairement le tam-tam – Kodoké s'était beaucoup rapproché –, j'entendais parfaitement les chants et les cris s'élever dans la nuit, je percevais presque aussi distinctement les notes comme creuses, sèches et pointues des coros, ces sortes de minuscules pirogues qu'on bat avec un bout de bois. Je m'étais posté à l'entrée de la concession et j'attendais ; je tenais, moi aussi, prêt à en jouer, mon coro et ma baguette nerveusement serrés dans mes mains, et j'attendais, dissimulé par l'ombre de la case ; j'attendais, plein d'une affreuse angoisse, l'œil fixé sur la nuit.

– Et alors ? fit mon père.

Il avait traversé l'atelier sans que je l'entendisse.

– Tu as peur ?

– Un peu, dis-je.

Il posa sa main sur mon épaule.

– Allons ! Détends-toi.

Il m'attira contre lui, et je sentis sa chaleur ; sa chaleur se communiqua à moi, et je commençai de m'apaiser, le cœur me battit moins.

– Tu ne dois pas avoir peur.

– Non, dis-je.

Je savais que, quelle que fût mon angoisse, je devais me montrer brave, je ne devais pas étaler mon effroi ni surtout me cacher dans quelque coin, et moins encore me débattre ou crier quand mes aînés m'emmèneraient.

– Moi aussi, je suis passé par cette épreuve, dit mon père.

– Que se passe-t-il ? dis-je.

– Rien que tu doives vraiment craindre, rien que tu ne puisses surmonter en toi. Rappelle-toi : tu dois mater ta peur, te mater toi-même ! Kondén Diara ne t'enlèvera pas ; il rugit ; il se contente de rugir. Tu n'auras pas peur ?

– J'essaierai.

– Même si tu avais peur, ne le montre pas.

Il s'en alla, et mon attente reprit, et l'inquiétant tapage se rapprocha encore. Brusquement j'aperçus la troupe qui débouchait et se dirigeait de mon côté ; Kodoké, son tam-tam en bandoulière, marchait en tête, suivi des sonneurs de tambour.

Très vite, je regagnai la cour de la concession et, me plantant au milieu, j'attendis, aussi crânement que je le pus, la redoutable invasion. Je n'eus pas beaucoup à attendre : la troupe était là, elle se répandait tumultueusement autour de moi, pleine de cris, débordante de cris et de roulements de tam-tam et de tambour. Elle fit cercle, et je me trouvai au centre, isolé, étrangement isolé, libre encore et déjà captif. Au bord du cercle, je reconnus Kouyaté et d'autres, beaucoup d'autres de mes petits camarades, cueillis en cours de route, cueillis comme j'allais l'être, comme je l'étais déjà ; et il me sembla qu'ils n'étaient pas trop rassurés – mais l'étais-je plus qu'eux ? Je frappais, comme eux, mon coro ; peut-être le frappais-je avec moins de conviction qu'eux.

Alors des jeunes filles et des femmes entrèrent dans le cercle et se mirent à danser ; se détachant de la troupe, des jeunes hommes, des adolescents s'y glissèrent à leur tour et, faisant face aux femmes, dansèrent de leur côté. Les hommes chantaient, les femmes claquaient les mains. Il n'y eut bientôt plus que les incirconcis pour former le cercle. Eux aussi chantaient – il ne leur était pas encore permis de danser – et en chantant, en chantant en chœur, oubliaient leur anxiété ; je mêlai ma voix aux leurs. Quand, se regroupant, la troupe quitta notre concession, je la suivis, à demi tranquillisé et frappant mon coro avec ardeur. Kouyaté marchait à ma droite.

Vers le milieu de la nuit, notre parcours dans la ville et la récolte des incirconcis se trouvèrent achevés ; nous étions parvenus à la limite des concessions, et la brousse, devant nous, s'ouvrait. Les femmes et les jeunes filles aussitôt se retirèrent ; puis les hommes également nous quittèrent. Nous demeurâmes seuls avec nos aînés, et je dirais plus exactement, songeant au caractère souvent peu commode de nos aînés et à leur abord rarement amène : « livrés » à nos aînés. (…)

Sitôt après que nos aînés se furent assurés qu'aucune présence indiscrète ne menaçait le mystère de la cérémonie, nous avons quitté la ville et nous nous sommes engagés dans la brousse qui mène au lieu sacré où, chaque année, l'initiation s'accomplit. Le lieu est connu : c'est, sous un immense fromager, un bas-fond situé dans l'angle de la rivière Komoni et du Niger. En temps habituel, aucun interdit n'en défend l'accès ; mais sans doute n'en a-t-il pas toujours été ainsi, et quelque chose, autour de l'énorme tronc du fromager, plane encore de ce passé que je n'ai pas connu ; je pense qu'une nuit comme celle que nous vivions, ressuscitait certainement une part de ce passé.

Nous marchions en silence, très étroitement encadrés par nos aînés. Craignait-on peut-être que nous nous échappions ? On l'eût dit. Je ne crois pas pourtant que l'idée de fuir fût venue à aucun de nous : la nuit, cette nuit-ci particulièrement, était bien trop impénétrable. Savions-nous où Kondén Diara gîtait ? Savions-nous où il rôdait ? Mais n'était-ce pas ici précisément, dans le voisinage du bas-fond, qu'il gîtait et qu'il rôdait ? Oui, ici vraisemblablement. Et s'il fallait l'affronter – il faudrait nécessairement l'affronter ! – mieux valait à coup sûr le faire en groupe, le faire dans ce coude à coude qui nous soudait les uns aux autres et qui était, devant l'imminence du péril, comme un dernier abri.

ANALYSER

- Montrez que le rite d'initiation implique l'ensemble de la communauté et pas uniquement les garçons concernés.
- Comment l'auteur traduit-il la montée progressive de l'angoisse ?
- Comment analysez-vous l'intervention du père ? Vous semble-t-elle efficace ? Pourquoi ?
- Finalement, en quoi consiste cette initiation ? Que doivent démontrer les enfants ?

POUR ALLER PLUS LOIN

- Le récit d'Aminata Sow Fall évoque l'initiation que n'a pas reçue Nalla dans la case de l'homme (p. 86), ce que le garçon ressent comme un manque. Comparez les deux extraits. Quelles différences et quels rapprochements faites-vous ?
- Quel rôle, selon vous, jouent les diverses initiations des sociétés traditionnelles dans la construction de l'identité des individus ?
- Ressentez-vous la désagrégation progressive de ces traditions comme une perte ? Discutez.

MODERATO CANTABILE

Marguerite Duras, *Moderato Cantabile*, Éditions de Minuit, 1958.

Marguerite Duras (1914-1996) est l'une des plus célèbres écrivaines françaises de la fin du XXe siècle. Figure de proue du Nouveau roman, son œuvre la plus célèbre, L'Amant, relate son enfance au Viet Nam.
Les premières pages de Moderato cantabile*, mettent en scène un jeune garçon dont l'écrivaine n'indique pas le prénom, sa mère Anne Desbaresdes et son professeur de piano, simplement appelé « la dame ». La leçon ennuie l'enfant qui, distrait par un cri de femme venu de la rue, déclare, à la fin de l'extrait, ne pas aimer le piano.*

– Veux-tu lire ce qu'il y a d'écrit au-dessus de ta partition ? demanda la dame.
– Moderato cantabile, dit l'enfant.
La dame ponctua cette réponse d'un coup de crayon sur le clavier. L'enfant resta immobile, la tête tournée vers sa partition.
– Et qu'est-ce que ça veut dire, moderato cantabile ?
– Je ne sais pas.
Une femme, assise à trois mètres de là, soupira.
– Tu es sûr de ne pas savoir ce que ça veut dire, moderato cantabile ? reprit la dame.
L'enfant ne répondit pas. La dame poussa un cri d'impuissance étouffé, tout en frappant de nouveau le clavier de son crayon. Pas un cil de l'enfant ne bougea. La dame se retourna.
– Madame Desbaresdes, quelle tête vous avez là, dit-elle.
Anne Desbaresdes soupira une nouvelle fois.
– À qui le dites-vous, dit-elle.
L'enfant, immobile, les yeux baissés, fut seul à se souvenir que le soir venait d'éclater. Il en frémit.
– Je te l'ai dit la dernière fois, je te l'ai dit l'avant-dernière fois, je te l'ai dit cent fois, tu es sûr de ne pas le savoir ?
L'enfant ne jugea pas bon de répondre. La dame reconsidéra une nouvelle fois l'objet qui était devant elle. Sa fureur augmenta.
– Ça recommence, dit tout bas Anne Desbaresdes.
– Ce qu'il y a, continua la dame, ce qu'il y a, c'est que tu ne veux pas le dire.
Anne Desbaresdes aussi reconsidéra cet enfant de ses pieds jusqu'à sa tête mais d'une autre façon que la dame.

– Tu vas le dire tout de suite, hurla la dame.

L'enfant ne témoigna aucune surprise. Il ne répondit toujours pas. Alors la dame frappa une troisième fois sur le clavier, mais si fort que le crayon se cassa. Tout à côté des mains de l'enfant. Celles-ci étaient à peine écloses, rondes, laiteuses encore. Fermées sur elles-mêmes, elles ne bougèrent pas.

– C'est un enfant difficile, osa dire Anne Desbaresdes, non sans une certaine timidité.

L'enfant tourna la tête vers cette voix, vers elle, vite, le temps de s'assurer de son existence, puis il reprit sa pose d'objet, face à la partition. Ses mains restèrent fermées.

– Je ne veux pas savoir s'il est difficile ou non, Madame Desbaresdes, dit la dame. Difficile ou pas, il faut qu'il obéisse, ou bien.

Dans le temps qui suivit ce propos, le bruit de la mer entra par la fenêtre ouverte. Et avec lui, celui, atténué, de la ville au cœur de l'après-midi de ce printemps.

– Une dernière fois. Tu es sûr de ne pas le savoir ?

Une vedette passa dans le cadre de la fenêtre ouverte. L'enfant, tourné vers sa partition, remua à peine – seule sa mère le sut – alors que la vedette lui passait dans le sang. Le ronronnement feutré du moteur s'entendit dans toute la ville. Rares étaient les bateaux de plaisance. Le rose de la journée finissante colora le ciel tout entier. D'autres enfants, ailleurs, sur les quais, arrêtés, regardaient.

– Sûr, vraiment, une dernière fois, tu es sûr ?

Encore, la vedette passait. La dame s'étonna de tant d'obstination. Sa colère fléchit et elle se désespéra de si peu compter aux yeux de cet enfant, que d'un geste, pourtant, elle eût pu réduire à la parole, que l'aridité de son sort, soudain, lui apparut.

– Quel métier, quel métier, quel métier, gémit-elle.

Anne Desbaresdes ne releva pas le propos, mais sa tête se pencha un peu de la manière, peut-être, d'en convenir. La vedette eut enfin fini de traverser le cadre de la fenêtre ouverte. Le bruit de la mer s'éleva, sans bornes, dans le silence de l'enfant.

– Moderato ?

L'enfant ouvrit sa main, la déplaça et se gratta légèrement le mollet. Son geste fut désinvolte et peut-être la dame convint-elle de son innocence.

– Je sais pas, dit-il, après s'être gratté.

Les couleurs du couchant devinrent tout à coup si glorieuses que la blondeur de cet enfant s'en trouva modifiée.

– C'est facile, dit la dame un peu plus calmement. Elle se moucha longuement.

– Quel enfant j'ai là, dit Anne Desbaresdes joyeusement, tout de même, mais quel enfant j'ai fait là, et comment se fait-il qu'il me soit venu avec cet entêtement-là…

La dame ne crut pas bon de relever tant d'orgueil.

– Ça veut dire, dit-elle à l'enfant – écrasée – pour la centième fois, ça veut dire modéré et chantant.

– Modéré et chantant, dit l'enfant.

La dame se retourna.

– Ah, je vous jure.

– Terrible, affirma Anne Desbaresdes, en riant, têtu comme une chèvre, terrible.

– Recommence, dit la dame.

L'enfant ne recommença pas.

– Recommence, j'ai dit.

L'enfant ne bougea pas davantage. Le bruit de la mer dans le silence de son obstination se fit entendre de nouveau. Dans un dernier sursaut, le rose du ciel augmenta.

– Je ne veux pas apprendre le piano, dit l'enfant.

Dans la rue, en bas de l'immeuble, un cri de femme retentit. Une plainte longue, continue, s'éleva et si haut que le bruit de la mer en fut brisé. Puis elle s'arrêta, net.

– Qu'est-ce que c'est ? cria l'enfant.

– Quelque chose est arrivé, dit la dame. Le bruit de la mer ressuscita de nouveau. Le rose du ciel, cependant commença à pâlir.

– Non, dit Anne Desbaresdes, ce n'est rien. Elle se leva de sa chaise et alla vers le piano.

– Quelle nervosité, dit la dame en les regardant tous deux d'un air réprobateur.

Anne Desbaresdes prit son enfant par les épaules, le serra à lui faire mal, cria presque.

– Il faut apprendre le piano, il le faut.

L'enfant tremblait lui aussi, pour la même raison, d'avoir eu peur.

– J'aime pas le piano, dit-il dans un murmure.

D'autres cris relayèrent alors le premier, éparpillés, divers. Ils consacrèrent une actualité déjà dépassée, rassurante désormais. La leçon continuait donc.

– Il le faut, continua Anne Desbaresdes, il le faut.

La dame hocha la tête, la désapprouvant de tant de douceur. Le crépuscule commença à balayer la mer. Et le ciel, lentement, se décolora. L'ouest seul resta rouge encore. Il s'effaçait.

COMPRENDRE

- Que signifie *moderato cantabile* ? Dans quel domaine artistique cette expression latine est-elle généralement employée ? Quel mot du texte indique dès la première ligne que ce début de récit s'inscrit bien dans ce contexte ?
- Le professeur ne semble pas douter qu'en répondant « je ne sais pas » à la question qu'elle vient de lui poser, l'enfant manifeste sa mauvaise volonté plutôt que son ignorance. Quelles expressions le prouvent ?

ANALYSER

- Selon le professeur, qu'est-ce qui est responsable du caractère buté de l'enfant ?
- Quel adjectif utiliseriez-vous pour qualifier le professeur ?
- Pourquoi, à votre avis, le narrateur s'attache-t-il à décrire si précisément les bruits venus de l'extérieur et la couleur du ciel ?
- « D'autres enfants, ailleurs, sur les quais, arrêtés, regardaient. » En quoi cette phrase permet-elle au lecteur de comprendre dans quel état d'esprit se trouve l'enfant ?

POUR ALLER PLUS LOIN

- On peut rapprocher l'incipit de *Moderato cantabile* et celui de *L'Appel des arènes*. Relevez les points communs entre les deux scènes.
- En quoi, cependant, diffèrent-elles fondamentalement ?
- Comparez Nalla et le garçon, Monsieur Niang et la dame, Diattou et Anne Desbaresdes.
- Ces deux scènes donnent à voir deux conceptions de l'éducation en totale opposition. Montrez-le.

Littér**afrique**

Faire entrer la littérature du continent dans les classes

Littér**afrique Romans**

Cheikh Hamidou Kane, *L'Aventure ambiguë*
Ferdinand Oyono, *Une vie de boy*
Sembène Ousmane, *Les Bouts de bois de Dieu* (extraits)
Amadou Koné, *Les Frasques d'Ebinto*
Véronique Tadjo, *Reine Pokou*
Emmanuel Dongala, *Johnny chien méchant*
Aminata Sow Fall, *L'Appel des arènes*
Evelyne Mpoudi Ngollé, *Petit Jo, enfant des rues*

Littér**afrique Théâtre**

Amadou Koné, *Le Respect des morts*,
suivi de *De la chaire au trône*

Littér**afrique Nouvelles**

Cheikh C. Sow, *Cycle de sécheresse*
Séverin Cécile Abéga, *Les Bimanes*
Anthologie de nouvelles

Littér**afrique Contes**

Anthologie de contes

Littér**afrique Poésie**

Anthologie poétique

Imprimé en Inde par Replika Press Pvt Ltd
Dépôt légal : 03/2019 – Collection n° 30 – Édition n° 03 – 59/2771/0